Kilian Hattstein-Blumenthal
Sympathie · Antipathie · Empathie

W0046731

Kilian Hattstein-Blumenthal

Sympathie
Antipathie
Empathie

Was die Seele bewegt

Verlag Freies Geistesleben

Für Taja

Vollständig überarbeitete und erweiterte Neuausgabe
des 2007 im Pforte Verlag, Dornach, erschienenen
gleichnamigen Buches

1. Auflage 2015

Verlag Freies Geistesleben
Landhausstraße 82, 70190 Stuttgart
www.geistesleben.com

ISBN 978-3-7725-1270-4

© 2015 Verlag Freies Geistesleben
& Urachhaus GmbH, Stuttgart
Umschlaggestaltung: Thomas Neuerer /
Foto: Heike Holfeld (Coconut-Pictures, Berlin)
Druck: GGP Media, Pößneck
Printed in Germany

Inhalt

Empathie

Sympathie

Die wunderbare Welt der dreigliedrigen Seelenkunde

Eine Märchenbetrachtung

Die Prinzessin

Es ist nicht die Liebe, welche im grimmschen Märchen vom Froschkönig die glücksentscheidende Wendung bringt. Die Prinzessin, «so schön, dass die Sonne selber, die doch vieles gesehen hat, sich verwunderte», erlöst ihren künftigen Bräutigam, den vorerst noch «garstigen» Frosch, vielmehr, indem sie ihn «aus allen Kräften wider die Wand wirft».[1] Wie kommt sie dazu? Sie «ward bitterböse», sagt das Märchen. Und so, glühend vor Hass, findet sie die Entzauberungstat, bricht sie den Bann.

Mit der Redewendung, wir fänden den Betreffenden «zum an die Wand Werfen», verorten wir unsere Streitpartner in antipathisch eskalierten Auseinandersetzungen. Die Chance aber, auch «bitterböse» *entbannend* zu wirken, kommt uns dabei nicht mehr in den Sinn. Unser Empfinden bleibt quasi in Froschgestalt an der Wand hängen, blickt schockiert auf eigene und fremde Aggressionen – und erkennt deren mögliche Verwandlungskraft nicht. Kein Prinz fällt uns mehr, den Frosch hinter sich lassend, von Wänden, an die unser Hass ihn schmetterte, herab. Liegt unsere bedauerliche Unfähigkeit, in sogenannten «negativen» Gefühlen Verwandlungsmöglichkeiten zu erkennen, nur daran, dass wir nicht mehr an Märchen glauben?

Verschärfen wir die Frage: Wie soll Hass irgendeine Art von Erlösung bringen können? Wo doch in der gegenwärtig erfolgreichsten Erzählform, dem Kinofilm made in Hollywood, es immer die Liebe ist, welche die glücksentscheidende Wendung bringt! Nun, der Hollywoodfilm bezieht seine Wirkungsmacht aus der raffinierten Kombination von psychologisch-realistischer Personenzeichnung und einer Dramaturgie, die auf der des Märchens beruht. Ein entscheidender Aspekt dieser Hollywood-Märchendramaturgie ist die unverhoffte Glückswendung, die durch Liebe geschieht. Warum funktioniert das für unser Erzählbedürfnis so treffsicher? Überrascht uns deshalb die anders lautende Wendung beim *Froschkönig?*

Wir bemerken, dass hier eine Grundannahme fassbar wird: Unser unbedingter Wille, an die sprichwörtliche «Macht der Liebe» zu glauben. Was aber will uns die Froschköniggeschichte weismachen, mit ihrem Motiv der Verwandlung kraft Hass? Betrachten wir den Vorgang genauer, verfolgen wir die Genese des Hassens, wie sie das Märchen erzählt.

Der Frosch holt bekanntlich der Prinzessin die hinabgefallene goldene Kugel aus dem Brunnen. Sie aber bricht ihr Versprechen, ihn daraufhin zum Dank mitzunehmen. Anderntags sitzt nun die Königsfamilie bei Tisch. Da klopft es an der Tür und jemand ruft die Prinzessin heraus. Sie öffnet nichts ahnend und sieht: den Frosch. «Da warf sie die Tür hastig zu, setzte sich wieder an den Tisch, und ward ihr ganz angst.» Hier finden wir die erste der Emotionen, die die Prinzessin später den Frosch an die Wand wird werfen lassen: ihre *Angst.*

Der Frosch ist inzwischen ins Schloss eingelassen

worden. Doch damit nicht genug. «Da saß er und rief: ‹heb mich herauf zu dir.› Sie zauderte, bis es endlich der König befahl. Der Frosch ließ sich's gut schmecken, aber ihr blieb fast jedes Bisslein im Halse.» Als zweiten emotionalen Auslöser ihrer späteren Tat lernen wir hier den *Ekel* kennen.

Vom Ekel bleiben nun alle ihre folgenden Handlungen gezeichnet. Weil es aber der Vater befohlen hat, trägt sie den Frosch, ihn fies «mit zwei Fingern» packend, in ihr Zimmer. Sie setzt ihn ins hinterste Eck.

Aber das nutzt nichts. «Ich bin müde, ich will schlafen so gut wie du: heb mich herauf, oder ich sag's deinem Vater», quakt der Frosch. Die Drohung mit dem Vater bringt das Fass zum Überlaufen: «Da ward sie erst bitterböse, holte ihn herauf und warf ihn aus allen Kräften wider die Wand. ‹Nun wirst du Ruhe haben, du garstiger Frosch.›» Die durch Angst erschütterte, im Ekel bitter gewordene Gefühlslage der Prinzessin eskaliert zur hasserfüllten Tat.

Angst, dazu Ekel und schließlich Hass – in was für einem Märchen befinden wir uns?

Wir haben soeben drei Gefühle in Aktion erlebt, die wesentliche Bestandteile der seelischen Grundkraft Antipathie darstellen. Diese bisher eher schlecht beleumundete emotionale Grundgeste scheint, so legt es das Märchen nahe, Verwünschungen zu brechen. Mehr noch: Sie bringt auf dem Umweg über die Fassung verlierende Prinzessinnen aus Fröschen Prinzen hervor.

Der Prinz

Der Prinz hat ein klares Ziel, das Grundlage aller seiner froschbedingt missverständlichen Handlungen ist. Dieses Ziel besteht nicht einfach darin, mit der Prinzessin ins Bett zu steigen. Sondern, seltsam genug, scheint er eben jenen Hass, der ihn als Frosch vernichten wird, mit seiner klugen Eskalationsstrategie, welche der Prinzessin keine Wahl als den Wandwurf lässt, herauszufordern. Will er denn sterben? Keineswegs. Sein Ziel ist es, wieder er selbst, nämlich ein Prinz zu werden. Und er verfolgt und erreicht dieses Ziel durch unablässige Akte der Sympathie.

Vom Beginn der Geschichte an zeigt sich uns der Prinz alias Frosch als vorbildlicher Liebhaber: Er tröstet und hilft am Brunnen. «Sei still und weine nicht. Ich kann wohl Rat schaffen, aber was gibst du mir, wenn ich dein Spielwerk wieder heraufhole?» Die Prinzessin, dergestalt aussichtsreich getröstet, bietet ihm ihre Kleider, Perlen und Edelsteine, auch noch die goldene Krone.

Nach Besitz aber steht sein Sinn nicht. Er will Liebe, und will ihren konkreten Vollzug: «Wenn du mich lieb haben willst und ich soll dein Geselle und Spielkamerad sein, an deinem Tischlein neben dir sitzen, von deinem goldenen Tellerlein essen, aus deinem Becherlein trinken, in deinem Bett schlafen: wenn du mir das versprichst, so will ich hinuntersteigen und dir die goldene Kugel wieder heraufholen.»

Es lohnt sich, hier kurz zu verweilen und folgenden

Versuch anzustellen: Blenden wir den uns bekannten Fortgang der Geschichte einmal aus. Lesen wir die Worte des Prinzen im Frosch ein zweites Mal, ohne der uns vom Märchenerzähler nahegelegten Perspektive der Prinzessin, die den Frosch verachtet und eklig findet, auf den Leim zu gehen.

Trauen wir einmal seinen Worten: «Wenn du mich lieb haben willst, und ich soll dein Geselle und Spielkamerad sein, an deinem Tischlein neben dir sitzen, von deinem goldenen Tellerlein essen, aus deinem Becherlein trinken, in deinem Bett schlafen: wenn du mir das versprichst, so will ich hinuntersteigen und dir die goldene Kugel wieder heraufholen.»

Ist das nicht eine bewundernswert offene Liebeserklärung? Oder, anders gesagt, ein wunderschöner und sehr detaillierter Heiratsantrag?

Wir wissen nun, dass die Prinzessin ihr Versprechen nur zum Schein gibt. Da Märchenerzähler auch Gedanken lesen können, erfahren wir präzise, was dabei in ihr vorgeht: «Sie dachte aber: ‹Was der einfältige Frosch schwätzt, der sitzt im Wasser bei seinesgleichen und quakt und kann keines Menschen Geselle sein.›»

Die Prinzessin, keineswegs geneigt, ihr Versprechen zu halten, bereitet ihre in der finalen Froschbegegnung hervorbrechende Antipathie-Bekundung also durch ein weiteres negatives Gefühl vor: durch Verachtung. Sie erzeugt in sich das Vorstellungsbild einer tumben Horde im Wasser quakender Frösche und befindet prinzessinnenhaft kühl, aber kaum abstreitbar, dass Wesen dieser Art «keines Menschen Geselle sein» können. Damit schiebt sie alle womöglich aufkommenden Bedenken, ihren kleinen Helfer zu hintergehen, beiseite. Der Märchenerzähler enthüllt uns die in ihren Gedanken stattfindende Verachtung. Eine Haltung reinster Antipathie, beschrieben an sprechendem Ort: dem vor anderen scheinbar so leicht geheimhaltbaren Reflexionszentrum unseres Denkens. Wer im Denken Verachtung kultiviert, bereitet verlässlich den Weg zu entsprechenden Handlungen.

Dem Liebesgeständnis des Frosches folgt deshalb leider die Liebesenttäuschung. Und gar bitter hören wir ihn klagen: «Aber was half ihm, dass er ihr sein Quak Quak so laut nachschrie, als er konnte! Sie hörte nicht darauf, eilte nach Hause und hatte bald den armen Frosch vergessen.» So erbarmungslos können nur Prinzessinnen sein.

Aber der Frosch wäre kein Prinz, wenn er sich damit geschlagen gäbe. Der nächste Tag findet ihn vor den Toren des Schlosses. Die Eskalation der Auseinandersetzung zwischen Sympathie – in Gestalt des Frosches – und Antipathie – in Gestalt der Prinzessin – beginnt. Er fordert, sie verweigert. Die Sympathie, der Antipathie nicht nur hier unterlegen, bedarf der Hilfe von prominenter Seite. «Der König ward zornig und sprach: ‹Wer dir geholfen hat, als du in der Not warst, den sollst du hernach nicht verachten.›» Dergestalt richterlich, aber auch mitfühlend beraten, muss sich die Antipathie der Sympathie unterwerfen und die Prinzessin den Frosch zum Tischgenossen nehmen. Wo zuvor Verachtung und Angst am Werk waren, wächst jetzt der Ekel.

Auf des Vaters Drängen darf der Frosch dann selbst ins Kämmerlein mit, in welchem die letzten Akte zu spielen pflegen. «Als sie aber im Bett lag, kam er gekrochen und sprach: ‹Ich bin müde, ich will schlafen so gut wie du, heb mich herauf.›» Es sei betont: Er kommt nicht, um mit ihr zu schlafen, sondern weil er müde ist. (Den menschenkundlich Bewanderten wird das Ineinsfallen von Sympathie, also Wille, mit dem Bewusstseinszustand *Schlaf* nicht überraschen.) Aber das Schlafen soll eine besondere Qualität haben, darum ist es dem Frosch zu tun. «Ich will schlafen so gut wie du», das heißt: königlich gebettet, von der Prinzessin geschätzt und geachtet, wie sie sich selbst schätzt und achtet. Der Frosch will mit der Prinzessin gleich sein und weiß, dass er es verlangen darf, denn er *ist* ihr ebenbürtig, weil er ein Prinz ist.

Zwei Grundmotive der Liebe sprechen sich hier aus. Einmal das Gleichheitsmotiv: Wer liebt, begehrt mit dem oder der Geliebten gleich zu sein. Das aber, so das zweite Motiv, ist eine höchst exklusive Angelegenheit: Gleich sein will die Liebe nur mit dem oder der Einzigen, die dafür *geschaffen* ist. Genau diese Erklärung gibt der wiederhergestellte Prinz nach vollzogenem Wandkontakt: «Da erzählte er ihr, er wäre von einer bösen Hexe verwünscht worden, und niemand hätte ihn aus dem Brunnen erlösen können als sie allein.»

Zum Glück verfügte die Prinzessin nicht über solch verwunschenes Wissen. Hätte sie sonst die einzig mögliche Verwandlungstat, den befreienden Wurf «wider die Wand», gefunden? Ihr Hass musste seinen Teil zur

Erlösung beitragen. Denn der beharrlich-unerwiderten Froschliebe wie auch dem froschverstehenden Mitgefühl des königlichen Vaters blieb der Erfolg versagt. Erlösung bringt erst die Wand und der Hass.

Die Betrachtung des Märchens aus der Froschperspektive regt also folgende Überlegung an: Liebe allein kann, so scheint es, ebenso wenig wie Mitgefühl Verwünschungen lösen. Als gemeinsames Motiv aller froschigen Sympathiehandlungen erscheint dagegen im Märchen: der Wunsch nach Wieder-Selbstwerdung als Erlösung von einem auferlegten Bann. Dieser Wunsch trieb den Prinzen an, er ist der Grund seiner – und aller? – Liebe.

Rekapitulieren wir objektiv: Die Sympathie des Frosches verwandelt ihn selbst nicht. Im Gegenteil: Sein unnachgiebiges Verhalten macht ihn zum An-die-Wand-Werfen. Erst nach wundersam überlebtem Drama, in der Fernwirkung ihres Wunsches, verwandelt die Sympathie des Prinzen dann doch noch jemanden, und zwar die Prinzessin. Sie macht aus ihr allerdings keinen Frosch, sondern eine Braut.

Der Märchenforscher Rudolf Geiger erhellt die Brautwerdung der Prinzessin in seiner Interpretation des *Froschkönigs* um einen interessanten Aspekt, indem er schreibt: «Er» (der Prinz) «leitet sie an, den Weg der Selbstüberwindung zu bestehen. Sie besteht ihn, legt die Kindheit ab und wird die in sich selbst entschlossene Frau.»[2]

Dass die Vereinigung zweier Personen, und noch gar zum Königspaar, aber wirklich Glück bringt, sogar über die unmittelbar Betroffenen hinaus, erfahren wir im ebenso wesentlichen wie gerne übersehenen zweiten Teil der Geschichte. Wir erfahren es durch eine erstaunliche Person, Heinrich, den der Erzähler immerhin als Titelfigur einführt: «Der Froschkönig oder der eiserne Heinrich» finden wir unser Märchen überschrieben.

Der «eiserne» Heinrich

Beim Adjektiv «eisern» ist man versucht, gleich wieder das Thema Antipathie zu assoziieren.

Doch es soll noch einmal ganz anders kommen. Heinrich, durch dessen nun beginnende Beteiligung am königlichen Märchen erst verständlich wird, warum er «eisern» genannt wird, ist der Diener des gerade erst vom Froschsein genesenen Prinzen.

Die erste gemeinsam verbrachte Nacht des endlich menschlich-königlich wesensgleichen Paares ruft mit Anbruch des neuen Tages sogleich einen Wagen hervor, «mit acht weißen Pferden bespannt, die hatten weiße Straußenfedern auf dem Kopf und gingen in goldenen Ketten». Mit diesem Wagen fallen wir aus der bisher vorherrschenden Stimmung des Märchens, die geprägt war von den mythisch berührenden Bildern von Brunnen und Kugel, König und Kämmerlein. Wir wachen auf in absolutistischer Zeit, deren Gepräge die reich geschmückte Kutsche samt Diener zur Sprache bringt.

Der Bruch wird verstärkt dadurch, dass nach der hohen Dramatik des Vorangegangenen nun vorderhand nicht mehr viel erzählt wird: Das Paar besteigt die Kutsche und fährt mit ihr davon – was soll da noch Wichtiges geschehen? Natürlich ist dieser Schwenk in eine absolutistisch geprägte «Neuzeit» – die Zeit des «eisernen» Heinrich – ein erzählerischer Trick von höchster Finesse.

Welchen Perspektivwechsel bezweckt der Märchenerzähler, indem er die Mythen-Bilder fahren und eine neue Zeit heranbrechen lässt? Wir erinnern uns daran: Das Märchen nahm seinen Ausgang «in den alten Zeiten, wo das Wünschen noch geholfen hat». Dieser vielleicht paradiesische, vielleicht aber auch gefährliche Zustand (Verwandlung zum Frosch!) ist nun bereits Vergangenheit. Jetzt kommt die Zeit – und sie währt heute noch –, in der «das Wünschen» definitiv *nicht* mehr hilft. Was aber wäre das für ein Märchen, wenn es uns einfach in den kalten Abendhauch der entzauberten Welt aussetzen würde, ohne den geringsten Zauberschlüssel für die Rückkehr in wunschoffeneres Gelände?

Zunächst fahren, wie gehört, acht weiße Pferde, mit weißen wippenden Straußenfedern und klirrenden goldenen Ketten schauerlich-schön ins Reich des erlösten Königssohnes, während hinten sein Diener auf dem Wagen steht.

Dieser Diener wird nun zur Hauptfigur. Und, merkwürdig genug, obwohl er in der Überschrift als «eisern» bezeichnet wurde, nennt ihn das Märchen stets den «treuen» Heinrich. Bevor er damit über seine Diener-Funktion hinaus bedeutsam werden kann, fährt der

Wagen aber erst einmal ein Stück des Weges, von unseren Fragen begleitet.

Werden sie denn glücklich *bleiben* können, so fragen wir uns, die königlichen zwei? Wie lange hält der Prinz vor? Wann wird er wieder zum Frosch? Und was wird aus der Prinzessin beim Prinzen zu Hause? Wann brauchen sie die nächste Wand, um einander dagegen zu werfen? Was wird aus einem *Prinzen*, den man «wider die Wand wirft» – wenigstens ein Frosch? In was verwandelt sich gar eine Prinzessin, der solches widerführe?

Wir bemerken, wir bleiben, indem es weitergeht, selber vom Märchen unerlöst. Unser Bewusstsein kann, geprägt von der Zeit *nach* dem «Wünschen», wie es nun einmal ist, nicht beim glücklichen Sich-Gefunden-Haben zweier Liebender Abschied nehmen. Es will neugierig noch mehr wissen, will die Geschichte weiter hören. In dieser Stimmung treten wir in die Erzählung vom «eisernen» Heinrich ein und erwarten, oder befürchten, nach dem Drama die Tragödie.

Nichts davon beim *Froschkönig*. Was hier folgt und uns einen bedeutsamen Schlüssel überreichen kann, ist eine lupenreine *Komödie*.

Die Hauptfigur dieser Komödie ist ein gezeichneter Mann. «Der treue Heinrich hatte sich so betrübt, als sein Herr war in einen Frosch verwandelt worden, dass er drei eiserne Bande hatte um sein Herz legen lassen, damit es ihm nicht vor Weh und Traurigkeit zerspränge.» Das mit Eisen vor dem Zerspringen geschützte Herz – des Dieners, und nicht etwa eines Liebhabers! Ein protopsychologisches Bild, kaum noch märchenhaft in seiner seelen-handwerklichen Direktheit. Dass seelische Schmerzen sich im Kreislauforgan des Herzens lokalisieren, ist keine metaphorische Wendung, sondern eine auch medizinisch anerkannte Tatsache. Solchem Leiden aber mit Schmiedearbeit abhelfen zu wollen – das stellt einen unerhörten Selbstheilungsversuch dar. Wir wissen nun, warum der dergestalt herausragend treue Diener der «eiserne» Heinrich genannt wurde. Und nehmen ein von Rührung untermaltes Schmunzeln über seinen drastischen Schmerzbewältigungsversuch mit in den Fortgang der Geschichte.

«Als sie ein Stück Wegs gefahren waren, hörte der Königssohn, dass es hinter ihm krachte, als wäre etwas zerbrochen. Da drehte er sich um und rief:

‹Heinrich, der Wagen bricht.›
‹Nein, Herr, der Wagen nicht,
es ist ein Band von meinem Herzen,
das da lag in großen Schmerzen,
als ihr in dem Brunnen saßt,
als ihr eine Fretsche wast.›*

Noch einmal und noch einmal krachte es auf dem Weg, und der Königssohn meinte immer, der Wagen bräche.»
Warum finde ich diese Geschichte von der dreimaligen Angst des Prinzen vor dem bereits auf seiner Hoch-

*Frosch wart.

zeitsreise dreimalig drohenden Radbruch so erfrischend komisch? Um sie so zu verstehen, muss der geneigte Leser sich mit mir in die Situation hineinversetzen. Muss sich vorstellen, mit dem Prinzen und der Prinzessin in der Kutschenkabine zu sitzen und mit acht Pferdestärken heimwärts ins Eheglück zu brausen. Dann der Schock: ein metallenes Krachen von hinten. Radbruch! Die Fahrt geht aber weiter. Besorgt fragt der Kutschenbesitzer bei seinem Diener nach (der offensichtlich nicht der Kutscher ist, denn er fährt «hinten» mit). Nein, kein Radbruch, sondern ein gebrochenes Herzensband.

Nun, beim ersten Mal kann man gerührt sein. Beim zweiten Mal vielleicht verwundert oder erstaunt. Aber beim dritten Mal? Da stellt sich doch eine Heiterkeit ein, angehoben vom rührend mitfühlenden Wesen des Dieners: eine Situationskomik, die entschlüsselt werden kann durch Einfühlung und die in ihrem zentralen Bild, den gelösten Herzensbanden, auf das verweist, was ich im Weiteren als die dritte seelische Grundkraft beschreiben werde: Empathie.

Ja, einen wirklich herzensbefriedigenden Abschluss scheint die Geschichte vom durch Antipathie erlösten Froschkönig erst in einem Satz finden zu können, der geneigt stimmt, alle Lebensangst vor Radbrüchen beiseitezulegen: «Und es waren doch nur die Bande, die vom Herzen des treuen Heinrich absprangen, weil sein Herr erlöst und glücklich war.»

Erst die Teilnahme des treuen Heinrich am Glück seines Herrn, so meine ich, gibt der Entwünschung des Prinzen menschliche Tiefe und weist bemerkenswert über die stets glücklich schließende Märchenform hinaus. Mit der trauerprallen Brust des treuen Heinrich können wir uns nun entspannen und dürfen der Hoffnung Nahrung geben, dass dieser Druckabfall Vorbild für eine Technik werden kann, deren Ziel es ist, eiserne Herzenshalterungen abspringen zu lassen. Auch sie soll hier untersucht werden, in Gestalt von Techniken der Empathie.

Die komödiantische Anekdote nach geendigtem Märchen jedenfalls öffnet den seelischen Raum, welcher den Hochzeitsreisenden *unsere* Anteilnahme an *ihrem* Glück erst sichert.

Als Fazit dieses ersten Kapitels seien drei Feststellungen herausgehoben, von denen unsere Untersuchung von Antipathie, Empathie und Sympathie ihren Ausgang nehmen wird:

Antipathie ist nicht nur Abneigung – ihr wohnen Verwandlungskräfte inne, die es als Schätze neu zu heben gilt. Antipathie fordert uns auf, Türen zu suchen, wo sie Mauern – aus Projektionen – aufstellt.

Sympathie verfolgt ihre Ziele auf froschgestaltige Art; deswegen erkennen wir ihre liebenswerte Seite oft nicht auf den ersten Blick. Sie will *Selbstverwirklichung* – und die ist eben nicht notwendig sozial erfreulich. Sie zeigt dem Ich unbegangene oder als unbegehbar erscheinende Wege und hilft uns, die Grenzen unseres Selbst zu erweitern.

Empathie öffnet unsere Glücksmöglichkeiten ins Zwischenmenschliche. Ihre nach gesprengten Herzbanden tönenden Glockenschläge künden neue soziale Tugenden an. Sie erzählt uns, dass im Du Antworten liegen, die auf keinem einsamen Wege zu finden sind.

Skizze

Der vorliegende Text versteht sich als *Skizze.*

Eine Skizze umreißt ihren Gegenstand mit wenigen Strichen.

Wenn sie gelingt, zeigt sich in ihrer Reduktion sein Wesentliches.

Antipathie

Goethe zeigt das Phänomen in der Seele eines Mädchens

Ein Liebespaar bespricht grundlegende Vertrauensfragen: Die junge Dame stellt fest, dass ihr Freund einen Kumpel hat, der ihr nicht gefällt. Sie versucht, ihm den Miesepeter auszureden. Er jedoch ist seinem Freund in einer sehr besonderen Weise verbunden, sodass er ihn beim besten Willen nicht aufgeben kann. Zudem hat ihn der Freund erst mit ihr bekannt gemacht und auch sonst einiges unternommen, damit sie jetzt um seine Entfernung betteln kann. So weit die Ausgangslage in einer berühmten deutschen Tragödie.

Wir nutzen die Argumente in dieser Auseinandersetzung, um das Phänomen der Antipathie in der landläufigen Bedeutung von «Abneigung» zu charakterisieren.

Dabei konzentrieren wir uns auf nur eine der beiden streitenden Stimmen, nämlich die der jungen Dame, denn wir wollen versuchen, hinter den vordergründigen Inhalten die bildmächtig sich aussprechenden emotionalen Beweggründe der Person zu erleben. Ihr Name lautet «Gretchen» und sie sagt:

«Es tut mir lang' schon weh,
Dass ich dich in der Gesellschaft seh.
Der Mensch, den du da bei dir hast, ist mir in tiefer inn'rer Seele verhasst;
Es hat mir in meinem Leben

So nichts einen Stich in's Herz gegeben
Als des Menschen widrig Gesicht.
Seine Gegenwart bewegt mir das Blut.
Ich bin sonst allen Menschen gut;
Aber, wie ich mich sehne, dich zu schauen,
Hab' ich vor dem Menschen ein heimlich Grauen,
Und halt' ihn für einen Schelm dazu!
Gott verzeih' mir's, wenn ich ihm Unrecht tu'!
Kommt er einmal zur Tür herein,
Sieht er immer so spöttisch drein,
Und halb ergrimmt;
Man sieht, dass er an nichts keinen Anteil nimmt;
Es steht ihm an der Stirn' geschrieben,
Dass er nicht mag eine Seele lieben.
Mir wird's so wohl in deinem Arm,
So frei, so hingegeben warm,
Und seine Gegenwart schnürt mir das Inn're zu.
Das übermannt mich so sehr,
Dass, wo er nur mag zu uns treten,
Mein' ich sogar, ich liebte dich nicht mehr.»

So weit Gretchen. Ihr frischer Liebhaber, mit Namen
Heinrich Faust, hat mit knappen, ebenso nichtssagen-
den wie nichts bewirkenden Einwürfen versucht, da-
gegenzuhalten. Er fasst abschließend, und schon ein
wenig resigniert, in *ein* kühles Wort zusammen, was sie
so tief bewegt vorgebracht hat:

«Du hast nun die Antipathie!»[3]

Der Auffassung, dass ein Begriff das Ende einer Emp-findung markieren kann, werden wir später in Ru-dolf Steiners menschenkundlicher Untersuchung der «seelischen Grundkraft» Antipathie wiederbegegnen. Hier ist zunächst von Belang, dass Faust Gretchens Erregung abtut, indem er sie schlicht als «Antipathie» identifiziert, im landläufigen Sinne und nach duden-gemäßer Definition als «Abneigung, Widerwille» ver-standen.

Für den Versuch einer Charakteristik dieses Grund-gefühles bietet sich Gretchens Klage an, weil sie eben-so differenziert wie selbstquälerisch genau beschreibt, was Antipathie im Betroffenen auslöst und wie sie ihre Wirkungen zustande bringt. Der mit Gretchen fühlende Dichter liefert uns so den Ansatz zu einer goetheschen Phänomenologie der Seelenkraft Antipathie.

Gretchen benennt zuerst den seelischen Vorgang. Mit dem Bild vom «Stich ins Herz» fasst sie ihn in eine Meta-pher. Mephistos Anwesenheit genügt, ihr «das Blut» zu bewegen; ihn sich vorzustellen, ruft ihr «ein heimlich Grauen» hervor. Als Ort und Schauplatz dieser Erregung nennt sie ihre «tiefe, inn're Seele».

Sie kennt auch die Ursache und Herkunft des me-phistophelischen Horrors. Es ist sein «widrig Gesicht», das, «anteilnahmslos» und «spöttisch», dabei «halb er-grimmt», ihr so sehr widerstrebt, dass sie sich ihrer Empfindung schon fast schämt: «Gott verzeih' mir's, wenn ich ihm Unrecht tu'!»

Was Gretchen schließlich als die sie «übermannende»

Emotion verspürt, ist das Ende vom Lied der Antipathie: «Seine Gegenwart schnürt mir das Inn're zu.»

Gretchen öffnet Faust rückhaltlos ihr Herz – das ist ihre sprichwörtliche, vor nichts haltmachende «Reinheit» – oder Naivität. Ihre Rede ist mehr Geständnis als Anklage. Allein, ihre Eindrücke sind zu deutlich: «Es steht ihm an der Stirn' geschrieben, / Dass er nicht mag eine Seele lieben.» Als des Pudels fiesen Kern empfindet sie seine Lieblosigkeit, im Sinne von alles betreffender Liebesunfähigkeit. Der grabeskalte Grundstrom der Antipathie tritt hier zutage und wird zur Quelle von Angst.

Das «Grauen» konkretisiert Gretchen in der Angst vor dem Verlust der beiden ihr wesentlichen Weltbezüge: Sie meint, Faust unter Mephistos Einfluss nicht mehr lieben zu können. Und in puncto Beten ist sie sich sogar ganz sicher, dass sie es, vom *teuflischen* Atem der Antipathie angehaucht, nicht mehr vermag. Was noch halbe Drohung mit Liebesentzug und damit Instrumentalisierung des Teufels für ihre eigenen Zwecke sein könnte, gerät zum Inbild der Hilflosigkeit, wenn sie zuletzt, ihr eingangs gebrauchtes volkstümliches Bild vom Stich ins Herz abschwächend, formuliert: «Und das frisst mir ins Herz hinein.» Aus dem verwundeten Herzen ist ein angefressenes geworden. *Angst essen Seele auf* betitelt Rainer Werner Fassbinder einen seiner Filme und bringt die Wirkung von Antipathie damit, wie ich finde, letztgültig auf den Punkt.

Ich resümiere: Goethes Phänomenologie der mephistophelischen Wirkungen in Gretchens Seele stellt dar, was

Antipathie macht und wodurch sie es macht, sobald sie ins menschliche Bewusstsein tritt.

1. Ihre *Ursache:* «Widrigkeit», ausgelöst durch «Gegenwart», genauer: durch «Gesicht». Diese *körperliche* Art der Abneigung heißt landläufig *Ekel*.

2. Der *Vorgang:* Der «Stich ins Herz», das «bewegte Blut» – die Gretchen «übermannende» Regung, welche diese körperlichen Zeichen zu kräftigen Urteilen über den Verursacher erhebt («dass er an nichts keinen Anteil nimmt», «dass er nicht mag eine Seele lieben») und leise Scham hinterlässt («Gott verzeih' mir, wenn ich ihm Unrecht tu'»). Nicht zuletzt an der Scham, die hier von einer heftigen Gefühlswoge übrig bleibt, erkennen wir, was sich vorher regte: *Hass.* Er «ist mir in tiefer inn'rer Seele verhasst», sagt Gretchen in ihrer naiven Offenheit.

3. Die *Wirkung:* Lähmung der Emotionen an eben jener Stelle, die vorher noch, vom Stich getroffen, blutete: im «angefressenen» Herzen, das, dergestalt beschädigt, seiner selbst nicht mehr Herr ist. Gretchen nennt diese Lähmung «Grauen», das alle ihre Sehnsucht nach Faust überschattet. Sie bekennt erschütternd, wie ihr «das Inn're zugeschnürt» wird, sodass ihr Lieben und Glauben vergehen. Landläufig kennen wir diese Phänomene als Erscheinungsform der *Angst*.

Prozesse der Antipathie, theosophisch und menschenkundlich betrachtet

Die drei primären Gefühle Ekel, Angst und Hass sollen hier als Grundformen der Antipathie, sobald sie ins Bewusstsein tritt, beschrieben werden. Natürlich gibt es auch andere antipathische Gefühle, und selbstverständlich können Ekel, Angst und Hass auch noch von anderen Motivationen als durch Antipathie gespeist werden – zum Beispiel von Eifersucht oder Wut. Die Vielschichtigkeit unserer Gefühle, ihre auch über krasseste Gegensätze hinweg geknüpften Verwandtschaften und Wechselwirkungen lassen kaum *eindeutige* Aussagen zu. Eine phänomenologische Betrachtungsweise wie die vorliegende nimmt nicht in Anspruch, dem «Beziehungschaos» der emotionalen Realitäten Herr geworden zu sein. Sie versucht, in den Erscheinungsbildern einzelner Gefühle Strukturen und Prozesse zu erkennen, wie z. B. diejenigen der Antipathie. Ekel, Hass und Angst geben dafür Beispiele.

Ekel, Hass und Angst werden hier zudem nicht tiefenpsychologisch untersucht, sondern so, wie sie im *Bewusstsein* auftreten. Die Betonung dieses Umstands ist besonders wichtig, weil auch Rudolf Steiner seine sogenannten «menschenkundlichen» Untersuchungen der Sympathie und Antipathie explizit als außerhalb des Bewusstseins liegend verortet. «Dieser zwei, der Sympathie und der Antipathie, werden wir uns nicht unmittelbar bewusst, aber sie leben in uns unbewusst ...»[4]

Zunächst aber wollen wir hören, wie Rudolf Steiner die Begriffe Sympathie und Antipathie einführt.

In seinem Buch *Theosophie* von 1904 definiert Steiner: «Als *Sympathie* muss die Kraft bezeichnet werden, mit der ein Seelengebilde andere anzieht, sich mit ihnen zu verschmelzen sucht, seine Verwandtschaft mit ihnen geltend macht. *Antipathie* ist dagegen die Kraft, mit der sich Seelengebilde abstoßen, ausschließen, mit der sie ihre Eigenheit behaupten.»[5] Die Begriffe Sympathie und Antipathie greift Rudolf Steiner im zweiten seiner Vorträge zur *Allgemeine Menschenkunde als Grundlage der Pädagogik* erneut auf, um sie dort entscheidend zur menschenkundlichen Definition zu erweitern. «Wir werden (…), weil wir nicht mehr in der geistigen Welt bleiben können, herunterversetzt in die physische Welt. Wir entwickeln, indem wir in diese herunterversetzt werden, gegen alles, was geistig ist, Antipathie, sodass wir die geistige vorgeburtliche Realität zurückstrahlen in einer uns unbewussten Antipathie.»[6]

Antipathie beschreibt Rudolf Steiner nun also vom Vorgang her als ein «Zurückstrahlen». Dieses Zurückstrahlen präzisiert er als «das Vorstellen»: «Indem die Tätigkeit, die Sie vor der Geburt, beziehungsweise vor der Empfängnis ausgeführt haben in der geistigen Welt, zurückgeworfen wird durch Ihre Leiblichkeit, dadurch erfahren Sie das Vorstellen. Für wirklich Erkennende ist einfach das Vorstellen selbst ein Beweis des vorgeburtlichen Daseins, weil es Bild dieses vorgeburtlichen Daseins ist.»[7] Das Zurückstrahlen «hat im Wesentlichen einen erkennenden Charakter. Also Ihre Erkenntnis verdanken Sie eigentlich dem Hereinschauen, dem Hereinstrahlen Ihres vorgeburtlichen Lebens. Und dieses Erkennen, das in weit höherem Maße vorhanden ist, als Realität vorhanden ist vor der Geburt oder der Empfängnis, wird abgeschwächt zum Bilde durch die Antipathie. Daher können wir sagen: Dieses Erkennen begegnet der Antipathie und wird dadurch abgeschwächt zum Vorstellungsbild.»[8] Antipathie ist der Bilderproduzent in unserem Kopf.

Ebenso überraschend wie entscheidend ist also, dass es das Erkennen ist – eine schon vorgeburtlich anwesende, dort sogar gesteigert nutzbare Fähigkeit, die nun im inkarnierten Leben, durch das Vorhandensein des Leibes die Rückstrahlung verursacht. Kraft der dabei *unbewusst* wirkenden Antipathie wird dem inkarnierten Menschen die Erkenntnis, oder genauer: das Erkennen zum Bild, mit letzter Präzision: zum Vorstellungsbild *abgeschwächt*.

Um die Erklärung dieser einen schwachen Abglanz darstellenden menschlichen Vorstellungsbilder geht es nun: «Wenn Sie heute als physische Menschen vorstellen, so stellen sie nicht mit einer Kraft vor, die in Ihnen ist, sondern mit der Kraft aus der Zeit vor der Geburt, die noch in Ihnen nachwirkt.» Die Antipathie hat ja bereits im Entschluss, geboren zu werden, in ihrem Wirksam-Werden «gegen alles, was geistig ist», ihren Transformationsprozess an der Erkenntnisfähigkeit begonnen. Einmal geboren, stellen wir in schwachen Bildern vor, statt kräftig und unmittelbar die geistige Welt zu erkennen. Das «Erkennen» wird nach der Geburt durch das

Vorhandensein des physischen Leibes zum «Vorstellungsbild abgeschwächt».

Ich entnehme als wesentlich für den Untersuchungsgegenstand Antipathie: Wir haben postnatal unter einem in entscheidender Weise eingeschränkten Erkennen zu leiden – falls wir überhaupt darunter leiden. Dafür aber ist uns die Fähigkeit zurückzustrahlen gegeben, an der Antipathie einen seit unserem Inkarnationsentschluss heftigen, allerdings nunmehr im Unbewussten verborgenen Anteil besitzt. Wir erleben die Wirkung dieser Antipathie stetig als unser *Vorstellen*, das in schwachen – flüchtigen, irrigen – Bildern verläuft und uns in dieser Form vom Erleben unseres Erkennens und vom Erkennen der geistigen Welt, wie wir sie präkonzeptionell gesehen haben, abschließt:

«Wir tragen die Kraft der Antipathie in uns und verwandeln durch sie das vorgeburtliche Element (die Kraft «Erkennen») in ein bloßes Vorstellungsbild. (...) Die Antipathie verwandelt fortwährend unser Seelenleben in ein Vorstellendes.»[9]

Ich fasse – diesseitig – zusammen: Antipathie ist, was zur Vorstellung verwandelt. Was Erlebtes nimmt, es schwächer und damit problematisch macht und vorgestellte Bilder des Erlebten an Stelle des Erlebnisses stellt.

Und ich ergänze: Mit Vorstellungsbildern, oder vielmehr durch diese hindurch, arbeiten wir uns biografisch langsam wieder zum Erkennen vor. Die Leidlosen postmortal, die Leidensfähigen etwas früher.

Rudolf Steiner charakterisiert das durch unbewusste

Antipathie hervorgerufene Vorstellen nun genauer und kommt dabei auch auf das Gefühl des Ekels zu sprechen.

«Wird die Antipathie genügend stark, so entsteht das Erinnerungsbild, das Gedächtnis, sodass Gedächtnis nichts anderes ist als ein Ergebnis der in uns waltenden Antipathie. (...) Das Gedächtnis ist nur gesteigerte Antipathie. Sie könnten kein Gedächtnis haben, wenn sie zu Ihren Vorstellungen so große Sympathie hätten, dass Sie sie ‹verschlucken› würden; Sie haben Gedächtnis nur dadurch, dass Sie eine Art Ekel haben vor den Vorstellungen, sie zurückwerfen – und dadurch sie präsent machen.»[10]

Hier werden die Vorgänge noch einmal klar ablesbar und ermöglichen uns, die menschenkundliche mit der aus dem Kontext der *Theosophie* stammenden Definition von Antipathie zu vereinigen:

1. *Zurückwerfen* oder *Zurückweisen* anderer Personen, Seelengebilde, der geistigen Welt etc.
2. *Abschwächen des Erkennens zur bildhaften Vorstellung* oder *Ausschließen* der direkten Erlebnisfähigkeit des Geistigen
3. Das *Präsent-Machen* oder die *Eigenheit-Behaupten* der Antipathie selbst, die so Erinnerungsbilder produziert und damit ganz konkret die Geburt des Gedächtnisses darstellt.

Antipathie versuchsweise erleben oder: Der Weg zur Fragwürdigkeit

Wir sollten nun die gewonnenen Schritte in einem Selbstversuch überprüfen. Wir begeben uns dazu von der analytischen auf die seelische Ebene, in das Gefühl, und lassen darin den Vorgang der Ablehnung sich aussprechen. Wir nehmen Steiners Erkenntnisse zu Hilfe – allerdings in einer anderen als der oben aufgeführten Reihenfolge.

Als bewussten Vorgang zwischen Menschen kann ich Antipathie wie folgt erleben:

1. Eigenheit behaupten

Ein anderer bespricht mit mir allgemein zu klärende Fragen. Da Antipathie wirkt (ob bewusst oder unbewusst, spielt nicht einmal eine so entscheidende Rolle), geht der andere nicht auf mich ein, sondern behauptet sich und seine Aussage gegen mich. Und ich gehe nicht auf den anderen ein, sondern behaupte mich und meine Aussage gegen ihn.

2. Zurückwerfen oder zurückweisen

In der Folge des oben beschriebenen Beharrens auf dem Eigenen werden die Anliegen des anderen auf ihn selbst zurückgelenkt. Ebenso werden meine eigenen Anliegen an mich zurückgewiesen. Wenn Anliegen keine Aufnahme finden, nicht sympathisch in Gemeinsamkeiten umgeschmolzen werden können, fallen sie auf denjenigen zurück, von dem sie ausgingen. Indem sie dergestalt zu ihrem Ausgangsort zurückkehren, können sie dort natürlich Frustration auslösen – oder sich in die Frage verwandeln, warum sie da sind. Wir können, wenn wir nicht einfach nur frustriert sein wollen, dass unsere Anliegen keine Annahme finden, stattdessen der Fragwürdigkeit unserer Anliegen bewusst werden. Die Rückkehr unserer Anliegen zu uns selbst führt also nicht notwendig in die Ausweglosigkeit. Sowohl beim *Froschkönig* als auch in den Beschreibungen Rudolf Steiners haben wir gesehen, dass Antipathie zu einem sehr genau greifbaren Resultat führt, das gekennzeichnet ist durch den Vorgang «Verwandlung».

In unserem Beispiel verwandeln sich die zu uns selbst zurückgekehrten Fragen in eine neue Qualität. Fragwürdigkeit entsteht. *Fragwürdigkeit aber ist eine neue Muse im Tempel der Kunst, ein Mensch werden zu wollen. Sie heißt: die Würdigung erfahren, eine wirkliche, eine dringliche und zu beantwortende Frage darzustellen.* Was landläufig – antipathisch! – negativen Beigeschmack hat, nämlich «Fragwürdigkeit», wird ein positiver Wert, bestehend aus Frage und Würde.

3. Präsent machen

Wir gewinnen aber nicht nur unsere Anliegen als nunmehr fragwürdige zurück, indem wir sie wechselseitig ablehnen. Auch unsere Beziehung zueinander wird zum Problem. Und das heißt: präsent. Die Beziehung ist eskaliert, das heißt: die Leiter zum Bewusstsein empor-

gestiegen. Wir sind in ein antipathisches Beziehungs-
verhältnis eingetreten, das zugleich ein Weltverhältnis
ist: nämlich ein *problematisches*. Die Präsenz, die Antipathie durch das Problematisch-Werden von Personen
und Umständen erzeugt, erreicht sie durch «Eigenheit-
Behaupten» und «Zurückweisen». Weltverhältnis wird
das problematisch gespannte Verhältnis zwischen mir
und dir, indem es sich eine eigene Zeitlichkeit erschafft.
Es wird eine «Geschichte»: Der Beziehungsstatus «Konflikt» zeigt einen Anfang. Dieser begründet einen ganz
originären Konfliktverlauf, der sich gegebenen Falles
als tiefe Spur in die individuelle Biografie einbrennt.
Der Konfliktzustand bleibt präsent, bis er am «Ende» ge-
löst werden kann. Er wird nun Teil der Lebensgeschich-
te aller Konfliktpartner wie eine von antipathischen
Auseinandersetzungsformen zeugende seelische Narbe.

Der Vorgang der Antipathie begründet Begegnungen,
bei denen die Beteiligten nicht in Tat oder Gedanken miteinander verschmelzen, sondern Gegner oder
Opponenten werden und auf der Höhe des Bewusstseins Abstand voneinander nehmen. Von dieser Höhe
aus bewerten, beneiden, bekämpfen sie einander – und
erzeugen dabei Vorstellungen.

Diese zu überwinden ist der einzige Weg, einen Konflikt zu lösen.

4. Deeskaliertes Aufwachen oder Technik
der bewussten Deeskalation

Auf der Leiter haben wir also an Höhe gewonnen,
aber an Weltoffenheit verloren: jeder andere als unser

eskalierter Standpunkt wäre uns nun ein Sturz in den Abgrund. Es wird im Weiteren darauf ankommen, die Eskalation als seelischen Vorgang der Erregung wiederum abzubauen, ohne die Bewusstseinshöhe zu verlieren. Dazu allerdings bedarf es einer seelischen Kraft, die Antipathie allein nicht liefern kann: der Empathie. Wir werden sie später kennenlernen.

Bewusste Deeskalation muss die Vorstellungen, die die Eskalation hervorbrachte, abbauen. Dazu kann sie, von der menschenkundlichen Beschreibung der Funktion von Antipathie im Inkarnationsprozess ausgehend, quasi einen «exkarnativen» Weg beschreiten. Dort, wo ich ein Vorstellungsbild habe, muss ich dieses rückverwandeln in vorstellungsfreies Anschauen, später in tendenziell sympathisches Wahrnehmen. Wenn ich diesen Zerstörungsprozess meiner eingefahrenen Vorstellungsbilder lange genug betreibe, komme ich wieder zu einem Erkennen des ehemaligen Feindes und sehe die geistige Welt, aus der er agiert. Wir sprechen im Fall verschärfter antipathischer Bilder von «Feindbildern». Diese zeichnen sich durch zu Stereotypen verhärtete und hassbesetzte (abwertende bis entwürdigende) Zuschreibungen allgemeinster Art aus, die Menschen ohne «Ansehung der Person» angeheftet oder eigentlich aufgezwungen werden. Diesen Bilder-Zwangsprozess oder Zwangsbilder-Teufelskreislauf beschreibe ich später noch einmal genauer unter dem Stichwort «Kurze Phänomenologie des Hassens».

Die Deeskalation, die dort wieder *hinschaut*, wo vorher nur Vorstellung war, kann als eine Technik des Auf-

44

wachens beschrieben und betrieben werden. Sie nutzt antipathisch Erworbenes als Kompostierungsprodukt zum *Abbau* von Antipathie, indem sie Vorstellungs-Endresultate in aktive Erkenntnisprozesse zurückverwandelt. Der leibgebrochene Geist kann nun erneut Licht resorbieren – das Licht des Du.

Kältetechniken

Wir unternehmen gerade den Versuch, soziale Kältetechniken bewusstseinsseelengemäß zu ergreifen. Notwendig wird mir dieser unsympathische Ansatz, weil ich erlebe, dass die ins Bewusstsein tretenden Erscheinungsformen der Antipathie allzu oft verteufelt werden. Wer sich nicht liebenswürdig zeigt, ist gleich böse. So einfach, finde ich, dürfen wir es uns nicht machen. Sich auf diesem Niveau selbst zu betrügen, ist mehr als blamabel, es ist schändlich. Bewusst gegriffene Antipathie ist geächtet, in jedem zwischenmenschlichen Bereich. Als ungelenkte Entladung tritt Antipathie aber gerade bei idealistisch Hochgestimmten öfter auf. Abneigung lässt sich nicht einfach verbieten. Und ist sie überhaupt falsch?

Dieser Frage soll anhand eines Beispieles nachgegangen werden. Ich habe beruflich hin und wieder die Gelegenheit, den Unterricht zu verfolgen, den ein anderer Lehrer gibt. Dabei fällt mir unter anderem immer wieder auf, dass beim Unterrichten bewusste oder halb bewusste antipathische Techniken einen wichtigen Gestaltungsanteil haben. Ohne pädagogisch gezielt eingesetzte Antipathie würde der Unterricht sich auflösen. Und diese Auflösung droht auch in jedem anderen sozialen Bereich, wenn zu wenig Antipathie in ihm lebt. Keine Sozialgestalt kann Zurückweisungen entbehren. Das Beispiel für diese verallgemeinerte Behauptung heißt: Disziplin. Disziplin – als Selbstdisziplin ebenso wie als Gruppendisziplin – ist in viel breiterem Umfang die Geschäftsgrundlage des sozialen Lebens, als es ihr schlechter Ruf (äußerer Zwang, Spaßverhinderer usw.) zugeben möchte. Die Konzentrationskraft und Flexibilität, die der komplexe Gruppenarbeitsvorgang eines Unterrichtes von *jedem* Beteiligten verlangt, muss als hohe Disziplinleistung *und* als erfreulich gelingende soziale Gestalt anerkannt werden. Gerade dazu, dass Unterricht wirklich eine Gestaltung gewinnt, bedarf es der allseitigen Antipathie-Einsätze, zum Beispiel in Form der Zurückhaltung sehr vieler individueller Bedürfnisse.

Warum erleben wir diese Antipathie-Arbeit kaum freudig, als Plastizieren an sozialer Form, als fruchtbaren Bereich der Erziehungskunst und erfreulich agonalen Schauplatz kontroverser Begegnungen? Warum sind Disziplin und Streit schambesetzt und höchstens als «notwendige Übel» verlegen geduldet?

Ebenso wie die Deeskalations-Techniken müssen wir den aktiven Schutz der Antipathie wieder neu sehen und schätzen lernen.

Die Antipathie-Reife

Um das dritte Lebensjahr herum sagt jedes Kind zum ersten Mal das Wort «ich».

Dieses Ereignis ist als außerordentlich bedeutsamer und übrigens irreversibler Punkt in der Kindesentwicklung weithin gewürdigt worden. Weniger beachtet blieb dabei das erstmalige Auftauchen eines anderen Wortes und der mit ihm verbundenen Bewusstseinsentwicklung, die zeitlich den Punkt des ersten «ich»-Sagens begleitet. Ich meine das erste «Nein».

Mit dem ersten «Nein» erhält das erste «Ich» eine komplementäre Ergänzung. Dergestalt dass, wo das «Ich» die Autonomie des inneren Menschen begründet, das erste «Nein» die Autonomie im Sozialen zu konturieren beginnt. Weil aber das erste – wie die vielen bis zum Tod eines Menschen noch folgenden – «Nein» ein Herzstück des Vorgangs Antipathie darstellt, bewirkt es ein Problem. Deshalb bekommt es auch keine Anerkennung und erst recht nicht die verdiente Hochachtung wie entsprechend das erste «Ich». Gelebte Autonomie scheint schwerer zu akzeptieren als die erhoffte, die sich mit dem «ich»-Sagen verbindet.

In unserem Zusammenhang wird der biografische Beginn des Umgangs mit der seelischen Grundkraft Antipathie für sich genommen bemerkenswert. Ganz spielerisch, oft sogar entzückt, und jedenfalls im Grunde noch ganz und gar *sympathisch* gestimmt, beginnt das Kind mit dem «Nein» zu arbeiten. Von diesem Punkt an kommen die Eltern nicht mehr umhin, mit ihm als mit einem zu partieller Selbstbestimmung befähigten Wesen umzugehen. Was die nette, also sympathieverdächtige Umschreibung für den Umstand ist, dass ein neues Stadium der Kind-Eltern-Beziehung angebrochen ist. Fortan werden die Urverliebten miteinander «Probleme haben». Dass das ein Geschenk ist, ohne welches keine Entwicklung möglich wäre, wird selten gesehen und oft falsch erlebt. Von Stund an wird die Antipathie, gebunden an das «Nein», als Schwierigkeit, mit dem *fremden* Eigenwillen des Kindes umzugehen, auf erst milde, bald aber restriktive Weise verteufelt. Fortan wird Antipathie bekämpft, wird mit gleichen Mitteln beantwortet, den Reifeunterschied zwischen Kind und Erwachsenen sträflich mit Füßen tretend. Das ernstliche Einsteigen von Erwachsenen in das kindliche «Nein»-Erprobungs-Spiel ist eine ebenso blamable Form der Selbstentmündigung wie umgekehrt die oft zu beobachtende Unfähigkeit von Eltern, den Willensbewegungen ihrer Kinder ein gelassenes und souveränes «Nein» entgegenzusetzen. Hier wird die soziale Chance der Antipathie für billige Augenblickszufriedenheit oder symbiosevergiftete falsche «Augenhöhe» vertan. Ihre Kraft, biografische Entwicklung zu generieren, bleibt ungenutzt und verkehrt sich in den Dauer-Problemzustand unklarer Rollenmuster und ungesunder Beziehungen.[11]

Antipathie-Reife *beginnt* zwar erst mit dem dritten Lebensjahr. Eltern dürfen sich aber, wenn sie dies bei ihren Kindern erleben, getrost der Einsicht öffnen, dass ein Mensch, und sei es ein noch sehr kleiner, der «Nein» sagen kann, auch die Fähigkeit zu entwickeln beginnt, ein «Nein» zu *hören*.

Wie gut oder schlecht auch immer es die Eltern machen, für das Kind wird mit dem «Nein»-sagen-Können ein weiterer entscheidender Antipathie-Aspekt wirksam. Wir haben ihn bei Gretchen bereits kennengelernt. Es ist die *Angst*, das *Nachtgesicht* der Antipathie (ich bezeichne sie hier so, um eine romantische Konnotation zu ermöglichen statt der reflexartig eintretenden, mir daher verdächtigen *Betroffenheit* bei diesem Thema). Angst ist ein hochkomplexer Vorgang und eine unvermeidliche Lebensnotwendigkeit. Die Forderung nach «Angstfreiheit» ist nur eines: töricht.[12] Wer keine Angst hat, ist kein Mensch. Wir werden dies gleich explizit, und keinesfalls auf Romantik bedacht, betrachten. Wer angstfreie Pädagogik propagiert, behauptet in guter Absicht utopische, verlogene Paradiese.

Eine letzte Bemerkung zur Kindesentwicklung soll diese kurze Beleuchtung des neuen biografisch-pädagogischen Themas «Antipathie-Reife» abschließen. Oft und bezeichnend wird das Einschlaferlebnis, das im dritten Lebensjahr dem Kind bewusst zu werden beginnt, das Loslassen des Ich im Schlaf, der erlebnismäßige Ort erschreckendster Ängste. Die Angst als *antipathische Bewusstseinsfähigkeit* wird geboren. Die Fähigkeit, sich zu *ekeln*, besitzt bereits das Neugeborene, das sich etwa vor dem üblen Geschmack einer Medizin schüttelnd abwendet. Die Ekelreife wird meiner Meinung nach sehr unterschiedlich früh erreicht. Sie ist spätestens dann gegeben, wenn bereits nur Vorgestelltes («iiiiee, Spinat!») den Ekel erregen kann. Und in der Pubertät reift mit ungehinderter Kraft die Bewusstseinsfähigkeit der Ablehnung aus, drastischer benennbar als die problematische Gabe, zu *hassen*.

Primär antipathische Gefühle

«Kaum ein Wort kommt in den Tagebüchern und Alltagsschilderungen unserer angstkranken Patienten häufiger vor als ‹hassen›, oder, etwas milder, ‹nicht mögen›, ‹nicht leiden können›. Sie können tausenderlei nicht ausstehen, nicht riechen, nicht ertragen und sind umgekehrt überzeugt, für andere unausstehlich, abstoßend zu sein. Ihr Inneres ist ganz und gar auf Antipathie eingestellt. Der *Ekel* spielt eine beherrschende Rolle.»[13]

«Sowohl Hitzewallungen als auch Kältegefühle gehören zur Angstsymptomatik, sowohl erhöhte Aufmerksamkeit und überscharfe Selbst-Wahrnehmung als auch Benommenheits- und Ohnmachtsgefühle mit Wahrnehmungstrübungen.»[14]

So berichtet der Heilpädagoge Henning Köhler in seinem Buch *Vom Rätsel der Angst* und erweitert die Beschreibung wie folgt:

Es «artet die ihrer Eigendynamik überlassene Angstreaktion in einen destruktiven, ja auto-agressiven Prozess aus. Die Seele, und mit ihr der Körper, krampft sich im Zentrum zusammen, das Blut strömt zentripetal zurück, wird also von der Peripherie zur Mitte gerissen, man erbleicht, wird kalt. Es ist, als würden alle Wärme- und Willenskräfte schlagartig eingeholt, um einen engen Ring zur Verteidigung des *Innersten* zu bilden, das unter keinen Umständen beschädigt werden oder verloren gehen darf. Der ganze Mensch ist nun in seinem Verhältnis zur Umgebung eine einzige Antipathie-Gebärde und in der Tat abgeschnürt, in die Enge getrieben, gefangen.»[15] Wir erleben, «dass die Angst im status nascendi, im Augenblick ihrer Entstehung, das Ich gleichsam aus den Angeln hebt, die Grenze zwischen Ich und Welt ins Wanken bringt. Jetzt empfinden wir mit tiefem Erschrecken die Gefahr, uns zu entgleiten, uns aufzulösen, (...) unser Eigensein, das heißt unseren leiblich-seelischen Zusammenhalt zu verlieren, in letzter Konsequenz: zu sterben.»[16]

Henning Köhler zeigt in dieser Darstellung empirisch, dass unsere Identifikation von Angst, Hass und Ekel als primär antipathische Gefühle sinnvoll war:

Im Ekel *erlebe* ich Antipathie, im Hass *agiere* ich Antipathie aus, in der Angst *erfahre* ich Antipathie.

Wozu wir Angst brauchen

Wir haben Ekel und Hass als die Aktiva der Antipathie
kennengelernt: zurückweisend und verletzend agieren
sie Antipathie aus. Angst hingegen ist, was eines anderen antipathische Haltung oder ein Erlebnis, das ich
mit Weltumständen habe, mit *mir* macht. Erfahre ich
Antipathie, tritt in mir Verschiedenes, unvermeidlich
aber auch Angst auf. Henning Köhler zeigt in seiner
luziden Betrachtung des Themas drei Stufen der Angst-
Eskalation auf, die diese von einem notwendigen und
hilfreichen Gefühl zu einer krankhaften Seelenverfassung steigern können. Er nennt diese Stufen «Angst-
ausbruch», «Angst vor der Angst» (ab dieser Stufe wird
Angst destruktiv) und schließlich «Angstverkramp-
fung, als verfehlter Bewältigungsversuch».[17] Dies ist
nicht der Ort, das auszubreiten; die Lektüre des Buches
sei aber sehr empfohlen.

Grundsätzlich stellt Köhler heraus: «Angst gehört
zu unserem Leben als eine selbstverständliche Reak-
tion auf Eindrücke, Begegnungen und Anforderungen,
denen wir nicht gewachsen sind. Ihr gegenüber eine
Haltung der Feindseligkeit, des Vermeidenwollens um
jeden Preis zu entwickeln, führt letztlich zum Hass
auf sich selbst und die Welt. (...) wir haben festgestellt,
dass es immer unproduktiv ist, einen Tatbestand zu
denunzieren, der schlechterdings zur *Grundausstattung*
des Menschen und der Welt gehört (...) Solange wir
(die Angst) nur anfeinden, wird sie sich unseren Er-

gründungsbemühungen widersetzen. Das ist ein viel zu selten beachtetes Gesetz der Seelenwissenschaft.»[18]

Das Spezifische der Angst und ihre potentielle Zerstörungskraft liegen darin, dass sie die Sicherheit des Ich in einer Weise erschüttert, die diesem den Zugang zu sich selbst verhindert. Das Ich wird in der Angst gefesselt an übermächtige Erlebnisse, Eindrücke und Einbildungen. Solange die Angst nicht Herr über das Bewusstsein wird, können aus ihr so schätzenswerte Eigenschaften wie soziale Rücksicht, gesunde Distanz und sogar das lebensnotwendige Gefühl der persönlichen Sicherheit genährt werden. Sie alle bedürfen eines Bodens, aus der Nachtseite der Antipathie gebildet, um stark werden zu können. Wer sich Sicherheit nur einbildet, statt sie auf wohlbedachte Vorsichten gründen zu können, steht, ohne es zu wissen, nah am Abgrund. Ebenso wird derjenige im Sozialen unbemerkt übel unterwegs sein, der sein Gefühl für Umgangsformen nicht aus einer gesunden Angst, andere zu belästigen oder zu verletzen, speisen kann.

Wie lässt sich das Beklemmende der Angst umwenden, wie ihre Schreckenskraft sogar *nutzbar* machen? Henning Köhler schlägt Folgendes vor: «*Bejahe* ich aber die Angst und bemühe mich darum, sie *einzubeziehen*, kann sich an ihr nicht nur der Mut entzünden, sondern sie selbst wird zur hilfreichen Begleiterin. Qualitäten wie Feingefühl, Mitleidsfähigkeit, scheue Zurückhaltung, Aufmerksamkeit sind Erscheinungsformen der integrierten und verwandelten Angst, durch die Lebensmut nicht beeinträchtigt, sondern erst in die rechten Bahnen gelenkt wird.»[19]

Kurze Phänomenologie des Hassens

Hass braucht Fiktionen. Ohne wahrnehmungsverhindernde Voreingenommenheit kein Hass, oder anders gesagt, Hass ist ein *unrealistisches* Gefühl – er kann sich nicht auf Tatsachen berufen, obwohl er dies stets wortreich-empört versucht. Aber seine Fakten sind stets ambitionierte Fehlinterpretationen, Verleumdungen und Diskriminierungen – also Fiktionen.

Hass verkehrt Ohnmachtsgefühle in Dominanzbedürfnisse und protzende bis unmenschliche Potenzgesten. Er ist immer konkret und richtet sich auf ein Wesen oder eine Gemeinschaft, denen er schaden will.

Seine übliche Erscheinungsform, die Aggression, ist allerdings nicht vorwiegend antipathisch, sondern ein gutes Beispiel für ein gemischt sympathisch-antipathisches Gefühl: Aggression lebt in der verletzenden Tat. Der sympathische Anteil darin gilt ausschließlich meiner eigenen Person, der antipathische dem anderen. Der Verkehrung von Ohnmachtsgefühl in Dominanzbedürfnis liegt ein aggressiver Narzissmus zugrunde – übersteigerte Liebe zu mir selbst, und *nur* zu mir selbst. Es gibt sogar einen Liebes-Aspekt in der Aggression: als Machtliebe alias Liebe zu der Macht, die ich über den anderen habe, zeigt sie, dass nichts falscher wäre, als in Sympathie-Antipathie-Fragen in ein naives Schwarz-Weiß zu verfallen.

Hass wertschätzt seinen Gegner auf problematische Weise: er hebt ihn übermächtig empor. Auf einen Thron aus Neid. Der verhasste andere wird immer größer, je mehr ich ihn hasse, und die Wunden, die mir mein Neid schlägt, rechne ich ihm, der mir durch sie ins Übermächtige wuchs, schuldhaft an. Darauf sollte mit der einleitenden Feststellung, dass der Hass Fiktionen braucht, hingedeutet werden.

Hass gebiert ständig neidverzerrte Bilder, die mir die Wahrnehmung des anderen oder der Gruppe, auf die ich meinen Hass lenke, zu sogenannten *Feindbildern* verzerren – und vergrößern. Feindbilder verhindern vorurteilslose Wahrnehmung.

Das kann man studieren an den Geschichten politisch geäußerten Hasses. Er lädt sich anfangs stets in wuchernden Feindbildern auf, um, was diese entwerten, später desto sicherer mit Vernichtung bedrohen und verfolgen zu können. Das schlechte Gefühl der Unterlegenheit, der Ausgangspunkt des Hasses, gebiert darin ständig neue «gute» Gründe für den Hass. Alle Feindbilder artikulieren krasse Voreingenommenheit. Sie sind Weigerungen, wahrzunehmen, geschweige denn anzuerkennen.

Ekel als Fähigkeit

Unter dem Stichwort «Ekel» erteilt das Herkunftswörterbuch des Dudenverlages folgende Auskunft:
    «Ekel ‹Abscheu› (eigentlich ‹was zum Erbrechen reizt›)

und ekel ‹ekelerregend›, (veraltet für:) wählerisch: Beide Wörter erscheinen erst im 16. Jh. als *mitteld.* e(c)kel (*mnd.* ekel ‹Greuel›); ihre Herkunft und das Verhältnis zu *oberd.* heikel sind ungeklärt. Dazu Ekel (*ugs.* für:) ‹ekelhafter Mensch› (18.Jh); ekeln ‹Ekel erregen oder empfinden› (16.Jh.; *mnd.* Ekelen); ekelhaft, ek(e)lig (17. Jh.).»

Bemerkenswert ist, wie spät – erst im 16. Jahrhundert! – und wie vorstufenlos das Wort im Deutschen auftritt. Da wir davon ausgehen können, dass neue Wörter gefunden werden, wenn etwas eintritt, das alle bisher gebrauchten Wörter nicht zu benennen imstande waren, kann man den Ekel als eine Empfindung betrachten, die erst im 16. Jahrhundert möglich wurde. Es ist hier nicht der Ort, der Frage, warum diese Entwicklung stattgefunden hat, nachzugehen. Der Fakt bleibt bemerkenswert; eine andere Art von Genese eines neuen Wortes, das zu einem signifikanten historischen Zeitpunkt auftritt, werden wir bei der Entstehung des Wortes «Empathie» betrachten.

Die Ausdifferenzierung der Seelenfähigkeit Ekel, die also als neuzeitliche, prägnant bewusstseinsseelische betrachtet werden muss, kann daran abgelesen werden, dass sich einer ihrer Aspekte von der Erstbenennung abgesetzt hat und einen neuen Stamm begründete: das «Wählerische». Dieses bringen wir heute nicht mehr mit der Ekelfähigkeit in Verbindung. Die Gabe, wählerisch zu sein, hat aber zweifellos selbst eine steile Karriere der Ausdifferenzierung im Seelenleben der Neuzeit erfahren. Komplementär dazu wird immer mehr «ekelhaft». Wer wie ich mit jüngeren Kindern arbeitet, kann nur darüber staunen, was alles auf deren Empfinden ekelerregend wirkt – und wie befremdlich die Hysterie sein kann, die schon von grundlegendsten Naturvorgängen entfacht in ihnen aufsteigt. Das Zwillingspaar Ekel und Wählerischkeit (Stichwort: «liken») beherrscht in erheblichem Maße unsere immer indirekter, immer naturferner, immer medialer werdende Kultur.

Gefühl für das Schöne, Wahrheitsempfinden, Gerechtigkeitssinn

Wenn ich mich frage, was in mir vorgeht, wenn mein Ekel erregt wird, so stelle ich fest, dass er mich, von einem Objekt oder einem Erlebnis ausgehend, zugleich zurückstößt und betroffen macht. Das Ekelnde schlägt einen feinen Ton in meinem Innern an, der sofort unwiderstehlich anzuschwellen beginnt, heftigen Widerwillen entfaltet, bis in den sich vor Ekel schüttelnden Körper. Wenn ich mich frage, welche Dinge oder Vorgänge besonders geneigt sind, meinen Ekel hervorzurufen, so stelle ich fest, dass es entsprechende Geschmacks- oder Geruchswirkungen sind, die auf Krankheit, Zerfall (Fäulnis), Kot oder Versehrtheiten von belebten Körpern hindeuten oder eindeutig von diesen ausgehen. Im Ekel verletzt die Botschaft unterschiedlicher Sinne

(Sehsinn, Geruchssinn, Lebenssinn, Gleichgewichts-
sinn) meine Sicherheit, mich als harmonisch, gesund
und angenehm zu empfinden. Diese Sicherheit benötige
ich aber, um mich ekelfreier Seelentätigkeit hingeben
zu können.

Vom Ekel ergriffen, kotze ich, fühle mich zum Kotzen
oder bin zum Kotzen. Das Entwicklungsziel, zu dem ich
als Angeekelter wie als Anekelnder hinwill, die Fähigkeit, die ich an der Ekelempfindung steigere, durch die
Ekelvermeidung schwäche und an der Ekelüberwin-
dung erst ausbilde, ist: *Schönheit.*

Wenn ich mich frage, was meinen Hass erregt, so stelle
ich fest, dass er sich am Empfinden von Ungerechtigkeit
entzündet. Ich erlebe etwas, das ich als ungerecht emp-
finde, und entwickle Hass, wenn ich die Ungerechtigkeit
nicht durch Gerechtigkeit herstellende Taten verändern
kann. Wo ich hasse, ist mein empfundener Grund, dass
ich oder andere ungerecht behandelt werden. Das Entwicklungsziel, zu dem ich als Hassender hinwill, heißt:
Gerechtigkeit.

Wenn ich mich frage, was mich ängstigt, so stelle ich
fest, dass das, was mir Angst macht, etwas ist, das mich
in meinem Empfinden für *Wahrheit* erschüttert. Ich
begegne meiner Angst, wenn heute nicht mehr sicher
und zuverlässig – in diesem Sinne *für mich wahr* – ist,
was gestern noch sicher und zuverlässig wahr gewesen
ist. Wenn das Vertrauen, das ich meinem Wahr-Nehmen
entgegenbringe als demjenigen, mit dem ich Wahres
aufnehme, zerstört wird. Wenn mein Weltvertrauen
in die Richtigkeit meiner Wahrnehmungen erschüttert

wird, entwickle ich Angst. Wenn mein Weltvertrauen, das sich auf die «Richtigkeit» meiner Wahrnehmungen gründet, erschüttert wird, entwickle ich Angst. Wenn mir etwas den Boden unter den Füßen wegreißt, mich in meiner inneren Wahrheit infrage stellt, antworte ich, insofern ich nicht mit Hass oder Ekel aggressiv zu antworten imstande bin, mit Angst. Die Fähigkeit, der die Angst zum Leben verhelfen will, heißt also: *Wahrheitsempfindung.*

Hass, Ekel und Angst sind Schulen, in denen wir das lernen, woran es diesen Schulen fehlt: *Gerechtigkeitssinn, Schönheitsgefühl, Wahrheitsempfindung.* Wo Menschen der Neuzeit mit den Idealen Wahrheit, Schönheit und Gerechtigkeit arbeiten, beständig scheiternd, versuchen sie, diese als Fähigkeiten auszubilden durch Angst, Ekel und Hass. Dass wir umgangssprachlich von einem «Gerechtigkeitssinn» (oder dessen Ermangeln) sprechen, zeigt, dass Gerechtigkeit eine nicht nur kognitiv gestaltete und sozial ausgekämpfte Seite hat, sondern sich gegebenenfalls in besonderer Weise in unserem *Empfinden*, also unserem Gefühlsleben ausbildet und verankert. Auch das Gefühl für das Schöne ist etwas, das wir in seiner Ausprägung oder seinem Mangel wie eine emotionale Atmosphäre an Menschen erleben und das gar nicht immer tief reflektiert sein muss. Wenn wir unser Bewusstsein darauf wenden, wie genau und extrem detailscharf wir zu bemerken imstande sind, wenn jemand uns zu belügen versucht, dann können wir daran gewahr werden, dass selbst die Wahrheit nicht nur eine

Fülle philosophischer Aspekte, sondern auch eine ganz praktische seelische Dimension hat.

Fazit

Ich hatte mir vorgenommen, die Gegen-Macht Antipathie daraufhin zu untersuchen, inwiefern und wodurch sie, wie beim *Froschkönig*, zu verwandeln imstande sein könnte. Ich meine, dass ich mit der Betrachtung der Antipathie-Vorgänge Ekel, Hass und Angst als Schulen der Fähigkeiten Gerechtigkeitsinn, Schönheitsgefühl und Wahrheitsempfindung ein Stück weit dem «Rätsel-wort» des «Geistes, der stets verneint» auf die Schliche gekommen bin. Er sei: «Ein Teil von jener Kraft, / Die stets das Böse will, und stets das Gute schafft» – so sagt dieser Geist von sich selbst bei Goethe.[20] Bekanntlich ist der Name des Geistes Mephistopheles, und Gretchen erkannte ihn instinktsicher als «ein Teil von» – im Sinne von: eine Verkörperung – der seelischen Grundkraft Antipathie.

Empathie

Schulen

Zum Schluss des vorangegangenen Kapitels habe ich den Gedanken vorgestellt, dass Gefühle *Schulen* seien, in denen wir das lernen, woran es diesen Schulen fehle. Das ist vermutlich keine landläufig gebräuchliche Auffassung von Schule. Seine Herkunft verdankt dieser Gedanke einer Einsicht des anthroposophischen Geisteswissenschaftlers Wilfrid Jaensch: «Jede Fähigkeit wächst auf dem Boden ihrer Abwesenheit.»[21] Fähigkeiten entstehen demnach im Kompost der zu ihnen gehörigen Unfähigkeiten. Wenn ich diesen Gedanken auf das menschliche Seelenleben übertrage, können Gefühle mehr werden als emotionale Bewegung, die, wechselnd wie das Wetter, folgenlos verrauscht. Emotionen sind wie Flüsse, die unsere seelische Landschaft in ihrem beständigen Strömen formen. Im Gegensatz zu Flüssen sind die seelischen Schulen aber keine Orte der Reproduktion des Vorhandenen, sondern kreative Orte der Weltnahme und der Selbsterfindung.

Im Anschluss an die nun folgende Betrachtung der neuen seelischen Grundkraft namens Empathie, an der das eindrücklich dargestellt werden kann, werde ich diesen Gedanken in der Beschreibung von «Schulen der Empathie» wieder aufnehmen und grundlegende Gefühle der Empathie charakterisieren, wie es Hass, Ekel und Angst für die Antipathie waren.

Der «eiserne» Heinrich wacht im 20. Jahrhundert auf

Mitgefühl, nicht Liebe, bildet den Schlüssel zum Herzen des Menschen – so hatte es die einleitende Betrachtung des Märchens vom Froschkönig angedeutet. Das Mitgefühl, wie es der «eiserne» Heinrich erlebt, wurde lange Zeit vornehmlich in seiner Ausprägung als Mit*leiden* gesehen. Im 19. Jahrhundert wurde das Mitgefühl dann Gegenstand verschiedener Wissenschaftszweige, die ein rasant sich steigerndes Interesse an dem Thema fanden. Erstaunlicherweise war es nicht die von Sigmund Freud begründete Psychoanalyse, die schließlich dem Mitgefühl einen wissenschaftlichen Namen gab, sondern die Kunstwissenschaft. In deren Namensgebung ist Mitgefühl heute in aller Munde: Mit dem deutschen Wort «Einfühlung» oder dem gräzisierenden, gleichwohl noch gebräuchlicheren Wort «Empathie». Ende des 20. Jahrhunderts wurde dann die «biologische Basis des Mitgefühls» entdeckt und ein neues Zauberwort im Zusammenhang der Empathie geschaffen. Es heißt: «Spiegelneurone».[22]

Im Folgenden soll es darum gehen, einige Schlaglichter auf die junge Geschichte der Empathie-Forschung zu werfen, die gegenwärtige Diskussion um die «Spiegelneurone» einzubeziehen und eine menschenkundliche Einbettung des Themas zu versuchen. Denn Rudolf Steiner hat, wie wir darstellen werden, einen bislang übersehenen Beitrag zu dem neuen Forschungsfeld, das das

Mitfühlen in allen seinen emotionalen bis spirituellen
Facetten auffächerte, geleistet.

Entdeckung, Funktion und Bedeutung
der «Spiegelneurone»

Im Jahr 2001 fasste Giacomo Rizzolatti, Professor für
Physiologie an der Universität Parma, seine jahrzehn-
telange Erforschung des Gehirns von Affen und Menschen so zusammen: «Wir verstehen Handlungen, weil
in unserem Gehirn die motorische Repräsentation dieser Handlungen aktiviert wird.»[23] Zu dieser Auffassung
gelangte er, nachdem er mit seinem Team Nervenzellen
(Neurone) im Gehirn von Affen an Elektroden ange-
schlossen hatte, um deren Aktivität messen zu können,
wenn das Tier einfache Verrichtungen ausführte.

In den bahnbrechenden Versuchen griff der Affe mit
der Hand nach einer Erdnuss, die auf einem Tablett vor
ihm lag. Rizzolatti identifizierte die dabei «feuernden»
Neurone. «Weder beim alleinigen Anblick der Nuss
noch bei einer sonstigen Greifbewegung der Hand, also
ohne Nuss, ging von dieser Zelle irgendeine Aktivität
aus.»[24] Die Neurone (de facto ein kleines Netzwerk von
Neuronen) für die spezifische Handlung «Greifen nach
Nuss» waren gefunden. Erhärtet wurde diese Schluss-
folgerung, weil dieselben Neurone feuerten, wenn der
Affe in völliger Dunkelheit nach der Nuss griff. Das

war aber noch nicht das Entscheidende. Rizzolatti entdeckte, «dass diese Zelle auch dann feuerte, wenn der Affe *beobachtete*, wie jemand anders nach der Nuss auf dem Tablett griff. Man braucht einen Moment, um zu begreifen, was das bedeutete. Es war eine neurobiologische Sensation.» Denn: «Die Beobachtung einer durch einen anderen vollzogenen Handlung aktivierte im Beobachter, in diesem Fall dem Affen, ein eigenes neurobiologisches Programm, und zwar genau *das* Programm, das die beobachtete Handlung bei ihm selbst zur Ausführung bringen könnte.»[25] Aber nicht nur beobachtete Handlungen, sondern auch «Geräusche, die typisch für eine bestimmte Handlung sind, haben den gleichen Effekt.»[26] Die auf solche Weise aktivierten Neurone bekamen die Bezeichnung «Spiegelneurone». Die Erkenntnisse der Tierversuche wurden später durch bildgebende Verfahren (Kernspintomografie und Positronen-Emissions-Tomografie) als auch beim Menschen gültig bestätigt. Mit erweitertem Wirkungsradius: «Beim Menschen genügt es zu hören, wie von einer Handlung gesprochen wird, um die Spiegelneurone in Resonanz treten zu lassen.»[27]

Die Funktion von Spiegelneuronen definiert sich also wie folgt: «Nervenzellen, die im eigenen Körper ein bestimmtes Programm realisieren können, die aber auch dann aktiv werden, wenn man beobachtet oder auf andere Weise miterlebt, wie ein anderes Individuum dieses Programm in die Tat umsetzt, werden als Spiegelneurone bezeichnet. Nicht nur die Beobachtung, jede Wahrnehmung eines Vorgangs, der bei anderen abläuft, kann im Gehirn des Beobachters Spiegelneurone zum Feuern bringen.»[28]

Hören wir zunächst, wie der Entdecker selbst seine Erkenntnisse einordnet: «Das *agierende Gehirn* ist auch und vor allem ein *verstehendes Gehirn*. Es handelt sich um ein pragmatisches, vorbegriffliches und vorsprachliches Verstehen, das deshalb aber nicht minder bedeutsam ist, da sich viele unserer so gefeierten kognitiven Fähigkeiten darauf stützen. Die Spiegelneurone (...) zeigen, das Erkennen der anderen, ihrer Handlungen und sogar Intentionen hängt in erster Linie von unserem motorischen Vermögen ab. Von den elementarsten und natürlichsten Akten, wie eben dem Ergreifen der Nahrung mit der Hand und dem Mund, bis hin zu den raffiniertesten, die besondere Fähigkeiten erfordern, wie etwa dem Vortrag eines Tanzschrittes, einer Sonate auf dem Klavier oder eines Theaterstücks, gestatten die Spiegelneurone unserem Gehirn, die beobachteten Bewegungen mit unseren eigenen in Beziehung zu setzen und dadurch ihre Bedeutung zu erkennen».[29] «Nicht nur Handlungen, auch Emotionen scheinen unmittelbar geteilt zu werden: Nehmen wir bei anderen Schmerz oder Ekel wahr, so werden dieselben Bereiche der Großhirnrinde aktiviert, die beteiligt sind, wenn wir selber Schmerz oder Ekel empfinden. (...) Dies zeigt, wie tief verwurzelt und stark die Beziehung ist, die uns mit anderen verbindet, und wie bizarr es ist, sich ein *Ich* ohne ein *Wir* vorzustellen. Die Erforschung der Spiegelneurone scheint uns zum ersten Mal einen einheitlichen theoretischen und experimentellen Rahmen zu bieten, in dem wir beginnen können, jene Art von Teilhaberschaft zu entschlüsseln, (...) die tatsächlich die Voraussetzung unserer gesamten intersubjektiven Erfahrung bildet.»[30]

Ich hebe hervor, dass die durch Spiegelneurone gegebene «Voraussetzung unserer gesamten intersubjektiven Erfahrung», also unser Mitgefühl «unmittelbar» entstehen soll und «in erster Linie» von unserem «motorischen Vermögen abhängt». So schön die Botschaft der «biologischen Basis» des Mitgefühls tönt – genau an diesen Punkten gibt es inzwischen massive Zweifel. Wir werden weiter unten darauf eingehen.

Zunächst einmal aber sollten wir uns auf die Argumentation der Spiegelneuronenerforscher einlassen und tiefer in die Begründungen unseres «intuitiven Verständnisses für die Handlungen anderer» (so ein wichtiger Mitarbeiter von Rizzolatti, Vittorio Gallese)[31] und deren Konsequenzen einzudringen versuchen.

Intuition und Bildqualität

Was genau ist an Spiegelneuronen «intuitiv»? Oder, anders gefragt, wie lässt sich das Intuitive, das sie leisten, beschreiben? Ist das Bild vom «Spiegeln» in diesem Zusammenhang treffend oder irreführend?

Eine Mitarbeiterin Rizzolattis, Alessandra Umiltà, untersuchte die intuitive Dimension der Wahrnehmung durch Spiegelneurone in Verfeinerung der dargestellten

Experimente mit Affen. «Man ließ das Tier zu Beginn zwar kurz einen Blick auf die Nuss werfen, nahm ihm aber dann die Sicht, indem man vor Nuss und Tablett eine Platte aufstellte.» Wenn nun eine Person nach der Nuss hinter der Platte griff, feuerten im Gehirn des Affen dieselben Neurone, wie wenn er sie selbst gegriffen hätte. Das heißt: «Auch wenn wir nur einen Teil einer Sequenz wahrgenommen haben, lassen Spiegelnervenzellen im Gehirn, und damit auch in der Psyche eines Beobachters, spontan und ohne sein Zutun den Gesamtablauf aufscheinen. Die Wahrnehmung kurzer Teilsequenzen kann genügen, um schon vor Beendigung des Gesamtablaufes intuitiv zu wissen, welcher Ausgang bei der beobachteten Handlung zu erwarten ist. Spiegelneurone machen also, indem sie in Resonanz treten und mitschwingen, beobachtete Handlungen für unser eigenes Erleben nicht nur spontan verständlich. *Spiegelneurone können beobachtete Teile einer Szene zu einer wahrscheinlich zu erwartenden Gesamtsequenz ergänzen.* Die Programme, die Handlungsneurone gespeichert haben, sind nicht frei erfunden, sondern typische Sequenzen, die auf der Gesamtheit aller bisher vom jeweiligen Individuum gemachten Erfahrungen basieren.»[32]

«Spiegel»-Neurone bilden also nicht einfach «innerlich» ab, was wir in der Außenwelt erleben. Sie ermöglichen Verständnis, indem sie «in Resonanz treten und mitschwingen», dabei das Wahrgenommene in eine zu erwartende Zukunft ergänzend. Es ist bekannt, dass ein Spiegel die ihm dargebotenen Anblicke seitenverkehrt wiedergibt; dass er Zukünftiges zeigen oder gar emotional mitschwingen könnte, ist unstrittig ausgeschlossen. Warum wird zur Benennung dergestalt bezeichneter Vorgänge im Gehirn das Bild vom «Spiegeln» benutzt?

Welche Bilder haben wir im Kopf, wenn wir uns von etwas «ein Bild machen» – wie die Umgangssprache klug formuliert? Ich halte diesen Punkt für entscheidend, besonders wenn es sich um Vorgänge handelt, die wir nicht unmittelbar in unser Bewusstsein heben können. Wir werden dieses Thema noch vertiefen, wenn es allgemein darum gehen wird, zu hinterfragen, warum wir zum Beispiel mit größter Selbstverständlichkeit davon sprechen, dass unser Gehirn etwas «speichere», wenn wir sagen wollen, dass wir uns etwas *merken*. Warum ersetzt das schlechtere Wort das bessere?

Spiegelneurone spiegeln *nicht* – so haben wir eben von Alessandra Umiltà erfahren. Sie sind ihrer Funktionsweise nach «mitschwingende Ergänzungsneurone». Leider klingt das nicht so gut.

Uns kommt zu Hilfe, dass auch einer der ehemaligen Assistenten von Professor Rizzolatti, Christian Keysers, der, ausgehend von den Arbeiten in Parma, im Social Brain Lab in Groningen und mittlerweile in Amsterdam weiterforschte, den Begriff «Spiegelneurone» kritisch sieht. Er erforscht die Funktion dieser Neurone bei Menschen weiter und kommt dabei zwar zu dem die Ausgangslage erweiternden «Schluss, dass Spiegeln nicht eine besondere Eigenschaft einzelner Hirnregionen ist, sondern ein ziemlich allgemeines Prinzip der Hirnfunktionen», weshalb er ganz allgemein vom

«Spiegelsystem» spricht.[33] Allerdings «spiegelt dieses System nicht eigentlich den neuronalen Zustand der beobachteten Person, sondern unterzieht das, was wir sehen, einer *Übersetzung* und *Umdeutung* in das, was wir in dieser Situation täten oder fühlten».[34]

«Umdeutung» und «Übersetzung» stellen doch einen beträchtlich anderen Vorgang dar als das von Rizzolatti beschriebene «pragmatische, vorbegriffliche und vorsprachliche Verstehen», durch das «Handlungen und Emotionen unmittelbar geteilt» (s.o.) werden – und für welches das Bild vom «Spiegeln» eventuell akzeptabel wäre. Keysers erklärt seine Position so: «Der Begriff ‹Spiegelneuron› ist in Hinblick auf Handlungen geprägt worden, weil das Gehirn mit Hilfe von Spiegelneuronen die Handlungen anderer Menschen simuliert und ein Spiegelbild dieser Handlungen erzeugt. Jetzt hatten wir ein ähnliches System für Emotionen entdeckt (die «Insel» des Gehirns) und brauchten einen neuen Begriff dafür – ‹Spiegelneuron› war zu fest mit dem motorischen System verknüpft.» Indem Keysers also ausführt, dass das Wort «Spiegelneurone» nur für Prozesse im motorischen System benutzt werden sollte, schränkt er seine eigene Aussage, wonach das «Spiegeln (...) ein ziemlich allgemeines Prinzip der Hirnfunktionen» sei, stark ein. Auch die Begriffe, die Keysers selbst «für Emotionen» etablieren möchte, sind ausgesprochen technizistisch: «Wie der prämotorische Kortex für zwei Prozesse verantwortlich ist – Handlungen auszuführen und andere Individuen zu beobachten, so schien die Insel für emotionale Prozesse zuständig zu sein: das starke Körpergefühl des Ekels zu empfinden» (anhand dessen er mehrere Versuchsreihen durchführte), «und Ekel bei anderen zu sehen. Sowohl der prämotorische Kortex als auch die Insel sind in neuronale Schaltkreise einbezogen, die uns ermöglichen, stellvertretend an den Handlungen und Emotionen anderer teilzuhaben. Wir haben den Begriff ‹gemeinsame Schaltkreise› geprägt, um diese ganze Familie von neuronalen Strukturen – einschließlich der für Handlungen zuständigen Spiegelneuronen – und ähnliche Systeme – einschließlich der für Ekelgefühle zuständigen Insel – zu beschreiben».[35]

«Gemeinsame Schaltkreise» und «neuronaler Strukturen» statt «feuernder Neurone» also – und dennoch: «spiegeln»? Nein, denn:

«Wenn wir die Beobachtung von Menschen verarbeiten, funktioniert diese Übersetzung als neuronaler Spiegel von unterschiedlicher Zuverlässigkeit, je nach der Ähnlichkeit zwischen Beobachter und Beobachtetem. Geht es um grundsätzlich verschiedene Phänomene wie Roboter oder Rollen mit Papierhandtüchern» (also Dinge), «ähnelt die Übersetzung eher einem Gerät, dass die Erfahrung des Beobachters auf die Dinge projiziert, die er sieht». Keysers führt das schöne Beispiel an, dass einem der an der Garagenwand zerschrammte Kotflügel des neuen Autos körperliche Schmerzen verursacht: Wir verziehen das Gesicht und heulen auf.

Wir bemerken, dass wir inzwischen – Dinge betreffend – vom «Spiegeln» bei der Projektion angekommen sind. Spiegeln – das war so schön unmittelbar, so wahr! Projektionen dagegen? Damit nicht genug. Keysers fährt an selbiger Stelle fort: «Unsere gemeinsamen Schaltkreise tragen sicherlich nicht zu der Einsicht bei, dass andere Objekte und Organismen möglicherweise anders sind als wir. Diese Schaltkreise führen zu der impliziten Annahme, dass wir alle das Gleiche erleben, oder anders, sie vermitteln den Eindruck, alle Dinge um uns her würden fühlen wie wir. Infolge gemeinsamer Schaltkreise sind wir intuitiv geneigt, die Welt anthropomorph oder sogar ‹egomorph› zu betrachten».[36]

Ich will das Resultat dieser Aussage ironisch formulieren: Gerade waren wir noch intuitiv mit allen Herzen und allen Dingen der Welt verbunden, jetzt sitzen wir einsam und egomorph in der Falle unserer Projektionen. Keine ganz unbekannte Situation – deren Bitterkeit wir nutzen sollten, um abschließend auf den Punkt zu kommen: «Nur unsere eigenen Handlungen und Empfindungen kennen wir wirklich. Wenn wir mit ihnen alles spiegeln, ist das keine Arroganz, sondern die bescheidene Hinnahme der egozentrischen Situation dessen, der keine anderen Handlungen oder Empfindungen kennt als die eigenen. Anschließend kann unser Verstand das Ergebnis dieses egozentrischen Spiegelns vernünftiger und logischer beurteilen».[37]

Angesichts dieser Sachlage scheint mir mein Ansinnen, den Begriff «Spiegelneurone» zu kritisieren und eine sprachliche Neuverortung einzufordern, begründet. Es war bereits fatal, die dergestalt beschriebene Hirntätigkeit mit einem auf den Sehsinn reduzierten Bild zu versehen. Angesichts der offensichtlich bedeutsamen, aber doch ganz anders verfassten Rolle, die diese Gehirnstrukturen beim Mitfühlen spielen, rege ich an, sie «Resonanzneurone», «Mitschwing-Neurone» oder «Echoneurone» zu nennen. Mitschwingen bezieht z.B. eine Erlebnisqualität des Bewegungssinnes ein und ermöglicht damit ein Bild wie von einem tanzenden Paar. Sich eine so benannte Gehirntätigkeit zu imaginieren, ergäbe ein wesentlich einfühlbareres Bild von ihrer Funktion als das einsam-kalte Bild vom Blick in den Spiegel.

Inhaltlich bleibt herauszustellen, dass Keysers mit der Aussage, unsere vormals auf das «Spiegeln» reduzierte Intuition bringe uns in den wenig schwingenden Zustand, der Welt «anthropomorph» – also rein menschenförmig –, ja sogar «egomorph» – rein ich-förmig – begegnen zu müssen, eine wesentliche Einschränkung unserer Wahrnehmungsfähigkeit anspricht. Wir haben einen erstens rein menschenförmigen, zweitens prägnant ich-förmigen Blick auf die Welt. Und diese Ichförmigkeit hindert uns daran, Dinge schlicht als Dinge und andere Menschen als anders wahrnehmen zu können. Der Blick in den Spiegel wird zum Spiegel-Gefängnis: Ich sehe überall nur mich selbst. Mit dieser bedrohlichen Szenerie wollen wir die Wahrnehmungstatsache des egomorphen Blicks markieren; sie wird uns noch weiter beschäftigen müssen.

In der Frage, was an den resonierend-ergänzenden Mitschwing-Neuronen intuitiv ist, sind wir damit ein ganzes – wenn auch unerwartetes – Stück weiter gekommen. Zu ihrer befriedigenden Klärung müssen wir nun allerdings die Beschreibungsformen der Neurowissenschaften verlassen und eine kleine Exkursion in die Vorstufen und die Genese des Empathie-Begriffes unternehmen.

Kurzer Ausflug in die Entstehungs- geschichte des Wortes Empathie

Diejenigen unter uns, deren Gewerbe darin besteht, anderen nicht vorhandene Gefühle vorzutäuschen, wissen längst, dass der eigene Erfolg entscheidend von der Fähigkeit abhängt, möglichst detailgenau Menschen wahrzunehmen. Ich meine damit die Schauspieler. Ihre Überzeugungskraft, ja ihre Genialität liegt darin begründet, dass sie es verstehen, Gefühle durch ihre seelisch-körperlichen Anzeichen so zu imitieren, dass die Zuschauer Gänsehaut bekommen, weil sie so sehr an die imitierten Gefühle – und die gespielte Person – glauben. Wie schaffen sie beide das – Schauspieler wie Zuschauer?

Das Schlüsselwort heißt diesmal «Einfühlung», und die Erklärung beginnt nicht beim Schauspieler, sondern beim Autor. Der Theaterschriftsteller tritt auf der Bühne nicht in Erscheinung; die Welt aber, die Schauspieler und Zuschauer teilen, wird aus seinen Worten gebildet.

«Der Sache wie dem Begriffe nach ist die Einfühlung eine Errungenschaft der Aufklärung und der Empfindsamkeit (einer literarischen Stilrichtung des

18. Jahrhunderts – *KHB*). «Im Zusammenhang mit einer Stilablösung, in deren Verlauf die heroischen Gattungen Epos und Tragödie durch das bürgerliche Drama und den Roman verdrängt wurden, war die Einfühlung von den Theoretikern des Dramas als neue wirkungsästhetischen Grundlage des Theatergeschehens ausgearbeitet und dann für die gesamte Literaturauffassung konstitutiv geworden. (...) Pierre de Beaumarchais bestimmte 1767 das Mitfühlen im Theater als ‹spontane Gefühlsregung, durch die wir uns dieses Geschehen zu eigen machen, ein Gefühl, das uns an die Stelle des Leidenden setzt, in die Mitte seiner Lage›. (...) Der spontane Akt der Identifikation mit dem leidenden Helden enthüllte, so glaubte man, dem Zuschauer sein besseres Ich, das sich auch im Alltag nicht wieder verleugnen ließ. (...) Auf die sozialen Zusammenhänge, in denen dieser Identifikations- oder Einfühlungsbegriff in der Aufklärung wurzelte, verweist die Gattungsbezeichnung ‹bürgerliches Drama›. Im Verständnis der Zeitgenossen kam darin die Abkehr von der Darstellung der Staatsaktion und der Sphäre der Öffentlichkeit zugunsten der Vorgänge in der Sphäre des bürgerlichen Alltags zum Ausdruck. Indem sich das bürgerliche Drama auf die Vorgänge außerhalb der Öffentlichkeitssphäre des absolutistischen Staates orientierte, reflektierte und beförderte es die Auflösung der politischen Stände der alten Ordnung in die sozialen Unterschiede der neuen bürgerlichen Gesellschaft. Zu dieser progressiven historischen Tendenz einer Privatisierung in der Darstellung bildete die Einfühlung

das Korrelat auf der Rezeptionsebene. (...) Indem die ‹Gleichheit des menschlichen Fühlens unter jeder Hülle› (Dienstmädchen fühlen nicht weniger als Könige) nachgewiesen werden konnte, vereinigte das Theater die Vertreter aller Stände auf der Vorstellung der einen allgemein menschlichen Natur.»[38]

Wenn das bürgerliche Trauerspiel behauptet, die Gleichheit aller Menschen sei in der Gleichheit ihrer Empfindungen begründet, bringt das eine noch heute ungemein folgenreiche Entwicklung in Gang. Die Formulierung und Durchsetzung *allgemeiner* Menschenrechte wäre ohne diese Grundlage unmöglich; wie unvollendet und unverzichtbar sie ist, erleben wir als Zeitgenossen jeden Tag.

Zum weiteren Verständnis des Phänomens Empathie gewinnen wir durch unseren Ausflug in die Theatergeschichte eine ebenso genaue wie allgemein bekannte Beschreibung des seelischen Vorganges, der hauptsächlich in ihr wirksam ist. Dieser Vorgang setzt uns «an die Stelle des Leidenden, in die Mitte seiner Lage». Er hat definitiv eine neuronale, mitschwingende Dimension, und er bleibt signifikant unbewusst. Sich in die Lage eines anderen versetzt zu *sehen* heißt: sich zu *identifizieren*. Identifikation liegt während einer Theatervorstellung in dem völlig abwegigen Umstand vor, dass zwei Menschen, die sich noch nie begegnet sind und von denen mindestens einer seine Gefühle nur spielt, eine Identifikationsbeziehung aufbauen, aufgrund derer die Gefühle und Gedanken des einen, Zuschauer genannt, von dem anderen, Schauspieler seiner Funktion nach, aber als Bühnenperson z.B. «Heinrich Faust» genannt, *dargestellt* und *ausgesprochen* werden. Dieser Umstand tritt ebenso zu Hause beim Lesen eines Buches ein. Identifikation, so behaupte ich, ist ein besonders notwendiger Vorgang unserer seelischen und ethischen Entwicklung. Und sie kann eine große Gefahr in unseren persönlichen Beziehungen werden; besonders in der Beziehung zu unseren eigenen Kindern, wie ich an anderer Stelle ausführlich dargestellt habe.[39]

Wir haben eingangs festgestellt, dass das Wort «Empathie» erstaunlicherweise nicht zu den Errungenschaften der von Sigmund Freud begründeten Psychoanalyse zählt. Dass es dennoch etwa zeitgleich mit dieser auftritt, also ein Kind des 19. Jahrhunderts ist, macht uns deutlich, wie «jung» Empathie ist. Oder genauer gesagt, wie sehr der Umstand, dass wir Empathie als Erweiterung des seelischen Vorgangs «Mitleid» zu verstehen beginnen, mit den Einfühlungs-Ansprüchen, die die Französische Revolution in der «Erklärung der allgemeinen Menschen- und Bürgerrechte» zu formulieren begann, verbunden ist. Empathie ist seitdem ein Menschlichkeitsindikator. Woher aber schöpft sich das Wort?

Fest steht, dass es ein «Kunstwort» ist, also ein bewusst neu gesetztes Wort, das den griechischen Ursprung und den Rang der bereits vorhandenen Wörter «Sympathie» und «Antipathie» (beide 16. Jahrhundert)[40] in Anspruch nimmt. Sein frühester Nachweis stammt aus dem Jahr 1909, es war der englisch-amerikanische Experimentalpsychologe Edward Bradford Titchener, der es verwendete.[41]

Titchener bezieht das Wort aber aus der sogenannten «Einfühlungsästhetik» der zweiten Hälfte des 19. Jahrhunderts, deren Vertreter Rudolf Lotze, Friedrich Theodor und Robert Vischer sowie Theodor Lipps den Begriff und Vorgang der «Einfühlung» erstmals differenziert beschrieben haben. «Gemäß Robert Vischer ist Einfühlung eine Fähigkeit, die es uns erlaubt, Kunstobjekte mit seelischem Gehalt zu erfüllen. Menschen würden beim Betrachten von Kunstwerken ihr eigenes Erleben (Denken, Fühlen, Wollen) in diese Werke hinein verlegen, sich in diese Werke einfühlen und diese dadurch mit ihrem eigenen Erleben beleben. Als Folge dieser Beseelung könnten Menschen das Betrachten von Kunstwerken genießen bzw. Kunstwerke als etwas Schönes wahrnehmen (vgl. Robert Vischer: *Über das optische Formgefühl*, 1873)».[42]

Die Neubildung des Wortes «Empathie» erfolgt also in seiner deutschen Form «Einfühlung» anhand von ästhetischen Theoriebildungen, die die oben in Bezug auf die Spiegelneurone beschriebenen Prozesse vorwegnehmen. Das ist eine wissenschaftsgeschichtliche Sensation, denn: Es zeigt, dass eine Geisteswissenschaft den Naturwissenschaften um über hundert Jahre voraus sein kann. Diese Art von Überlegenheit der gerne als *subjektiv* und *spekulativ* denunzierten Geisteswissenschaften darf man sich getrost auf der Zunge zergehen lassen. Ebenso die später dargestellte «Vorwegnahme» der zentralen Vorgänge der Einfühlung in ihrer spirituellen Charakteristik durch Rudolf Steiner – ebenfalls fast hundert Jahre vor der Erforschung der Resonanzneuronen.

Fassen wir sachlich zusammen: Robert Vischer stellt fest, dass Einfühlung mit dem eigenen Erleben zu tun hat, dass dieses aber, in fremder Gestalt (der eines Kunstwerkes) aufgenommen, sich dergestalt verändert, dass es Genuss und die Empfindung des Schönen ermöglicht. Er stellt heraus, dass dieses Gefühl vom Betrachter in das Werk verlegt, also, wie wir heute psychologisch sagen würden, auf dieses projiziert wird.

Eine weitere entscheidende Einfühlungs-Definition müssen wir knapp anführen, bevor wir unseren kleinen historischen Ausflug abschließen können, nämlich die von Theodor Lipps aus dem Jahr 1907 (zwei Jahre nach der Erstveröffentlichung der *Theosophie* Rudolf Steiners): «Mit demBegriff ‹Einfühlung› bezeichnet Lipps eine Fähigkeit, die uns dazu dient, ‹zu wissen, dass fremde Iche existieren›».[43]

Diesen Gedanken wollen wir nun anhand der Forschungen Rudolf Steiners weiter verfolgen.

Einfühlung, Resonanzneurone und Menschenkunde

Rudolf Steiner beschreibt in seiner den Menschlichkeitsanspruch der Französischen Revolution aufnehmenden *Allgemeinen Menschenkunde als Grundlage der Pädagogik* (1919) das, was Lipps als Fähigkeit «zu wissen, dass fremde Ich existieren» dem Vorgang der Einfühlung zugeschrieben hatte. Steiner charakterisiert dort ein «Organ der Wahrnehmung der Iche»[44] als «über den ganzen Menschen ausgebreitet» und «in einer sehr feinen Substantialität» bestehend. Er muss dazu gegen die konventionelle Sinneslehre und Psychologie seiner Zeit sprechen, die dem Menschen nur fünf statt der von Steiner dargestellten zwölf Sinne zubilligt. Das «Organ der Wahrnehmung der Iche» muss nach seiner Beschreibung erst einmal einer konventionellen Täuschung entkleidet werden: «Wenn einer an die Ich-Vorstellung denkt, so denkt er zunächst an seine eigene Seelenwesenheit; dann ist er gewöhnlich zufrieden. Fast machen es die Psychologen auch so. Sie bedenken gar nicht, dass es etwas völlig Verschiedenes ist, ob ich durch das Zusammennehmen dessen, was ich an mir selbst erlebe, zuletzt die Summe dieses Erlebens als ‹Ich› bezeichne oder ob ich einem Menschen gegenübertrete und durch die Art, wie ich mich zu ihm in Beziehung setze, auch diesen Menschen als ein ‹Ich› bezeichne. Das sind zwei ganz verschiedene geistig-seelische Tätigkeiten.»[45]

Die revolutionäre Erweiterung der Sinneslehre, die Steiner unternommen hat, betont hier einen Unterschied, den wir, als vom «Egomorphen» unserer Selbstwahrnehmung die Rede war, bereits kennengelernt haben. Rudolf Steiners Charakteristik für die Selbstwahrnehmung unseres eigenen Ich – für die wir, wie wir sehen werden, kein Wahrnehmungsorgan besitzen! –

lautet: «Zusammennehmen dessen, was ich an mir selbst erlebe.» Selbstbezogenheit also. Ganz Empathieverwandt klingt dagegen, was dem «Iche»-Wahrnehmungsorgan Grundlage bietet, nämlich wie ich «mich in Beziehung zu einem (anderen) Menschen setzen» kann.

Die Schärfe des Unterschiedes akzentuiert Steiner nun noch einmal: «Das eine Mal, wenn ich meine Lebenstätigkeit in der umfassenden Synthesis ‹Ich› zusammenfasse, habe ich etwas rein Innerliches; das andere Mal, wenn ich dem anderen Menschen gegenübertrete und durch meine Beziehung zu ihm zum Ausdruck bringe, dass er auch so etwas ist wie mein Ich, habe ich eine Tätigkeit vor mir, die im Wechselspiel zwischen mir und dem anderen Menschen verfließt. Daher muss ich sagen: Die Wahrnehmung meines eigenen Ich in meinem Inneren ist etwas anderes, als wenn ich den anderen Menschen als ein Ich erkenne. Die Wahrnehmung des anderen Ich beruht auf dem Ich-Sinn, so wie die Wahrnehmung der Farbe auf dem Sehsinn, die des Tones auf dem Hörsinn beruht. Die Natur macht es dem Menschen nicht so leicht, beim ‹Ichen› das Organ des Wahrnehmens so offen zu sehen wie beim Sehen. Aber man könnte gut das Wort ‹Ichen› gebrauchen für das Wahrnehmen anderer Iche, wie man das Wort Sehen gebraucht beim Wahrnehmen der Farbe.»[46] Einerseits Selbstbezogenheit begründend: eine «umfassende Synthesis»; andererseits «Wechselspiel zwischen mir und dem anderen Menschen».

Wir hören: Rudolf Steiner macht nicht vor revolutionären Vorschlägen zum Sprachgebrauch halt. Seine Anregung, analog zum Sehen von einem «Ichen» zu sprechen, hat sich aber bekanntlich nicht durchsetzen können. Dagegen hat sich seine Bezeichnung «Ich-Sinn» im anthroposophischen Sprachgebrauch durchaus etabliert. Allerdings leistet sie dort leider oft dem falschen Verständnis Vorschub, dass der Ich-Sinn dem *eigenen* Ich gelte, statt – wie explizit und ausschließlich gemeint – die «Iche» *anderer* Menschen wahrzunehmen. Bereits seine stete Verwendung im Singular deutet diese Missverständlichkeit an: Einen «Ich-Sinn» kann es nicht geben; «Iche»-Sinn, die Pluralität der Iche anderer wahrnehmend, wäre allein zutreffend.

Statt aber unfruchtbare Wort-, gar Buchstabenklauberei zu betreiben, möchte ich Rudolf Steiners Wortsuche für erweiterte, noch unbeschriebene Wahrnehmungsformen lieber auf eine neue Reise schicken. Ich schließe mich dabei mit Entschiedenheit Stefan Leber an, der sagt, dieser Sinn sei «eigentlich der Du-Sinn schlechthin».[47] Ich rate dem anthroposophischen Begriffsgebrauch dringend an, nicht mehr anders vom «Organ zur Wahrnehmung der Iche» zu sprechen als mit der einzig sinnfälligen Benennung, die da lautet: «Du-Sinn»! So bezeichnet beschreibt er treffend, was mit ihm wahrgenommen wird (und der Singular kommt nicht in die Quere).

Wenn der Sinn «Du-Sinn» heißt, kommt aber sein Inhalt, die Ich-Wahrnehmung, nicht mehr zum Ausdruck – so könnte man einwenden. Nun, das ist bei allen

Sinnesorganen so: das Auge hat einen eigenen Namen und heißt nicht nach dem, was es wahrnimmt; das wäre so unmöglich wie sinnlos. «Du-Sinn» trifft die Sache, Punktum. Sind wir gespannt, wie seine Geschichte weitergeht; weiter unten werden wir an ihr zu bauen beginnen.

Dem unglücklichen Benennungsversuch «Ichen» wiederum könnte vielleicht der neue Menschenwahrnehmungsvorgang namens «Empathie» auf die Sprünge helfen. Zumindest dann, wenn es uns, zum Beispiel Rudolf Steiners Argumenten folgend, gelingen sollte, neben der neuronalen und der psychologischen Interpretation auch eine spirituelle Dimension der Empathie zu entwickeln.

Empathie in den Forschungen Rudolf Steiners

Rudolf Steiner hat Empathie gekannt und geisteswissenschaftlich beschrieben. Dies versuche ich im Folgenden anhand einer Untersuchung maßgeblicher Stellen in seinem Werk nach ihrer chronologischen Abfolge darzustellen. Dabei muss gleich eingangs gesagt werden, dass Rudolf Steiner das Wort «Empathie» oder «Einfühlung» für seine Beschreibungen des Phänomens nicht verwendet; wo diese gemeint ist, spricht er von «Seelenlicht».

Seine Anläufe zum Thema beginnen mit der *Theosophie* von 1904. Dort heißt es – wir haben das Zitat bereits im Kapitel über Antipathie zum Ausgangspunkt genommen: «Als *Sympathie* muss die Kraft bezeichnet werden, mit der ein Seelengebilde andere anzieht, sich mit ihnen zu verschmelzen sucht, seine Verwandtschaft mit ihnen geltend macht. *Antipathie* ist dagegen die Kraft, mit der sich Seelengebilde abstoßen, ausschließen, mit der sie ihre Eigenheit behaupten.»[48]

Als von den beiden dergestalt definierten «Grundkräften» gebildet beschreibt Rudolf Steiner nun seelische Regionen. Er spricht diese als «Seelengebilde» an und untersucht, in welchem Mischungsverhältnis Sympathie und Antipathie in diesen ihre Wirkungen entfalten. «Gier», die, in der «Region der Begierdenglut» beheimatet, die «niederen sinnlichen Triebe» bestimmen soll, wird mit den «festen physischen Körpern» verglichen. Ein gleichgewichtig gemischter Bereich wird «fließende Reizbarkeit» benannt und mit den «flüssigen Stoffen» verglichen. «Wunsch-Stofflichkeit», mit den «gas- oder luftförmigen Körpern der physischen Welt» verglichen, wird als dritte Stufe angeführt. Die nachfolgenden höheren Stufen von «Seelen-Stofflichkeit» werden beschrieben als vom Wirken nur einer seelischen Grundkraft gebildet, der Sympathie. Diese, sich selbst anziehend oder diese Anziehung herabmindernd, bildet den Bereich von «Lust und Unlust», «dasjenige, was im Menschen als die Welt der *Gefühle* – im engeren Sinne – lebt.»

Mit dem Stichwort *Gefühl* treten wir in den für den Empathie-Ansatz entscheidenden Bereich ein. Ich werde ihn gründlich und daher kleinteilig betrachten. Ich lasse dabei keinen Satz aus, versuche also nicht, Dargestelltes durch Weglassungen in meine Richtung zu drehen. Möge der kritische Leser an der ihm gesamt vorliegenden Textpassage überprüfen, ob meine Argumentation überzeugt.

Wir erinnern uns, dass Rudolf Steiner von «Seelengebilden» sprach und bei der Stufe, ab welcher diese nur noch aus Sympathie gebildet werden sollen, angelangt war.

«Eine noch höhere Stufe nehmen diejenigen Seelengebilde ein, deren Sympathie nicht im Bereich des Eigenlebens beschlossen bleibt. Von den drei niederen Stufen unterscheiden sich diese, wie auch schon die vierte, dadurch, dass bei ihnen die Kraft der Sympathie keine ihr entgegenstrebende Antipathie zu überwinden hat. Durch diese höheren Arten der Seelen-Stofflichkeit schließt sich erst die Mannigfaltigkeit der Seelengebilde zu einer gemeinsamen Seelenwelt zusammen.»[49]

Hier verweile ich und merke an, dass damit ein gewichtiger Grund genannt wurde, der mich zu der Behauptung führt, dass wir hier einer *dritten* Seelenkraft auf der Spur sind, die grundsätzlich über Sympathie und Antipathie hinausführt. Rudolf Steiner öffnet nämlich fast unmerklich einen neuen Raum, in dem nicht mehr nur «Seelen-*Gebilde*» existieren, sondern «Seelen-*Stofflichkeiten*». Der Unterschied? Innerhalb

Letzterer herrschen nicht mehr aus Sympathie und Antipathie gemischte Gebilde-Beziehungen – es wirkt überhaupt keine Antipathie mehr. Die Sympathie ist ganz bei sich selbst – und könnte damit in einen Endzustand innerhalb ihrer eigenen Gesetze geraten (andere anziehen, mit anderen zu verschmelzen suchen oder Verwandtschaft mit ihnen geltend machen). Da aber keine «Gebilde» mehr da sind, welche «anderen» könnten dergestalt *sympathisiert* werden? Etwas völlig Neues geschieht: Die Sympathie bleibt «nicht im Bereich des Eigenlebens beschlossen», die «Mannigfaltigkeit der Seelengebilde» wirkt nicht mehr wechselseitig miteinander, sondern «schließt sich zu einer gemeinsamen Seelenwelt zusammen». Wer ein wenig Imaginationskraft auf die Abwesenheit von «Gebilden» und die Anwesenheit von «Welt» zu versammeln vermag, beginnt die Dramatik des Unterschiedes zu empfinden.

Bleiben wir am Ball. Es wirkt nur noch Sympathie in der «gemeinsamen Seelenwelt»; was bedeutet die vollständige Abwesenheit von Antipathie genau?

«Sofern die Antipathie in Betracht kommt, strebt das Seelengebilde nach etwas anderem um seines Eigenlebens willen, um sich selbst durch das andere zu verstärken und zu bereichern. Wo die Antipathie schweigt, da wird das andere als Offenbarung, als Kundgebung hingenommen.»[50]

Wir haben also Seelen*welt*, durch das Schweigen der Antipathie eröffnet; «das andere» kann sich so als «Kundgebung», ja als «Offenbarung» aussprechen.

Da auch Abwesenheit eine Leistung darstellt, die es zu würdigen gilt, wollen wir uns an dieser Stelle mit großer Anerkennung von der Antipathie verabschieden und ihr dafür danken, dass sie den Qualitätssprung der Sympathie von den Prozessen des Anziehens, Verschmelzens und Verwandtschaft-Geltendmachens hin zu Kundgebung und Offenbarung ermöglicht.

Was aber ist «das andere»? Keine «Gebilde» mehr, soviel ist sicher, sondern eine subtilere Form der «Stofflichkeit»:

«Eine ähnliche Rolle wie das Licht im physischen Raume spielt diese höhere Form von Seelen-Stofflichkeit im Seelenraum. Sie bewirkt, dass ein Seelengebilde das Dasein und Wesen der andern um deren selbst willen gleichsam einsaugt, oder man könnte auch sagen, sich von ihnen bestrahlen lässt. Dadurch, dass die Seelenwesen aus diesen höheren Regionen schöpfen, werden sie erst zum wahren Seelenleben erweckt.»[51]

Ich halte fest: Der Aspekt der gemeinsamen Welt lässt eine lichtähnliche Wirkung im Seelenraum auftreten und verwandelt darin Seelen*gebilde* in Seelen*wesen*. *Wesen* haben im Gegensatz zu *Gebilden* ein «Seelenleben», zu welchem sie «erweckt» sind und das dadurch erst ein «wahres» Leben genannt werden kann. Verantwortlich dafür ist ein merkwürdiger, von zwei völlig unterschiedlichen Seiten beschriebener Prozess.

Zum einen «saugt» ein Seelengebilde «Dasein und Wesen» der anderen «um deren selbst willen» «gleichsam ein». «Einsaugen» hört sich wieder stark nach antipathisch grundierter Sympathie der Sorte «Gier» an;

offenbar scheint das aber keine befriedigende Beschreibung zu sein, denn Rudolf Steiner setzt hinzu: «oder sich von ihnen bestrahlen lässt». Dieser zweite Aspekt des Prozesses greift den Vergleich auf, mit dem Steiner erstmals «Seelen*raum*» betrat: den Vergleich mit dem «Licht im physischen Raume».

Als Konsequenz wird die dargestellte Seelenregion dann auch «Region des Seelenlichtes» genannt. In ihrer Beschreibung haben wir nach meiner Auffassung den frühen Versuch Rudolf Steiners, Empathie zu verorten. Erstmals wird hier ein Vorgang im seelischen Feld beschrieben, der nicht durch einer Grundkraft eignende Prozesse, oder deren Wechselwirkungen, hervorgerufen wird, sondern «Dasein und Wesen der andern (Seelenwesen) um deren selbst willen» ergreift.

Dieses «um deren selbst willen» ist der springende Punkt. Deshalb sei noch einmal deutlich gemacht, dass in einem solchen Vorgang *weder* Antipathie *noch* Sympathie wirksam sein können, da beide nach der einleitenden Definition Steiners eigenambitioniert vorgehen. «Um deren selbst willen» macht den zentralen qualitativen Unterschied zu allen vorher beschriebenen Stufen aus. Es ist daher nicht verwunderlich, dass diese neue Qualität umfassend zum Ausdruck kommen muss: In den bereits etablierten Raum um die reinen Körper/Gebilde fließt etwas völlig Neues ein, nämlich «Seelenlicht».

«Ich will ihn nicht für mich erhalten wissen –
Mein Herz begehrt sein und gesteht es dir;
Ich will ihn nicht für mich erhalten wissen –
Mag er sich welchem Weib er will vermählen;
Ich will nur, dass er da sei, lieber Onkel,
Für sich, selbstständig, frei und unabhängig,
Wie eine Blume, die mir wohlgefällt:
Dies fleh ich dich, mein höchster Herr und Freund,
Und weiß, solch Flehen wirst du mir erhören.»

Mit diesen ebenso selbstbewussten wie selbstlosen Worten lässt Heinrich von Kleist die Prinzessin Natalie von Oranien bei ihrem Onkel Friedrich Wilhelm, Kurfürst von Brandenburg, um das Leben ihres zum Tode verurteilten Vetters, des Prinzen Friedrich von Homburg, bitten.[52]

Ich gebrauche diesen Text hier als drastische Unterbrechung – und als Beweis. Kleist verleiht Natalies Worten Macht, indem sie den Kern dessen, was Empathie ist und bewirkt, mutig vor ihren Onkel hinstellt. Es ist bekannt, dass sie dem Prinzen, und dieser ihr, in schwärmerischer Liebe zugetan ist. Deshalb muss die Uneigennützigkeit ihrer Bitte, verbunden mit dem Geständnis, «mein Herz begehrt sein und gesteht es dir» gleich eingangs angeführt und – wiederholt werden. Durch diese Offenheit zeigt Natalie aber nicht nur ihre in der Männerwelt des Absolutismus unabdingbare «ritterliche» Ehrlichkeit, sondern sie macht sich dem Onkel *einfühlbar*. Und kann, auf diese Weise mit ihm verbunden, den unerhörten, auf nichts als Empathie gegründeten Wunsch aussprechen:

«Ich will nur, dass er da sei, lieber Onkel,
Für sich, selbstständig, frei und unabhängig.»

Entsprechend lautete Rudolf Steiners Definition davon,
was das «Seelenlicht» benötigt, um zu erhellen: Ein Seelengebilde müsse sich dem anderen «um seiner selbst
willen» nähern. Dieses *um seiner selbst willen* ist, wir
sagten es bereits, der Kern des Phänomens Empathie.
Ihre Anwesenheit, untermauert durch den selbstlosen, menschliche Größe beweisenden Einsatz Natalies,
zwingt den Kurfürsten in Kleists Drama, gegen seinen
Willen und die von ihm behauptete Staatsräson gefähr-
lich missachtend, der Bitte tatsächlich nachzugeben.

1918, vierzehn Jahre nach dem ersten Ausblick auf das
Phänomen «Seelenlicht» in der *Theosophie*, sieht sich
Rudolf Steiner aufgerufen, dem «antisozialen Trieb», der
sich im Ersten Weltkrieg um ihn herum in furchtbars-
ter Weise austobt, eine spirituelle Wiederbelebung des
Sozialen entgegenzusetzen. Er spricht in diesem Zusammenhang vom «Sozialen Trieb», der «innerlich-seelisch»
zum Beispiel folgendermaßen gestärkt werden kann:
«Wenn wir versuchen Sinn dafür zu entwickeln, wie
viel wir zu danken haben der einen oder der anderen
Person, versuchen, in dieser Weise uns selber im Spiegel
derjenigen zu sehen, die im Laufe der Zeit auf uns ge-
wirkt haben und mit uns zusammen waren, dann löst
sich allmählich – wir werden das erfahren können – ein
Sinn von uns los, der im Folgenden besteht: Weil wir
uns geübt haben, Bilder von in der Vergangenheit mit
uns zusammenhängenden Persönlichkeiten zu finden,

so löst sich von unserer Seele ein Sinn los, nun auch dem Menschen gegenüber zu einem Bilde zu kommen, dem wir in der Gegenwart gegenübertreten, dem wir dann von Angesicht zu Angesicht in der Gegenwart gegenüberstehen. Und das ist das ungeheuer Wichtige, dass in uns der Trieb erwacht, nicht bloß den Menschen, wenn wir ihm gegenüberstehen, nach Sympathien oder Antipathien zu empfinden, nicht bloß in uns den Trieb erwachen zu lassen, irgendetwas am Menschen zu lieben oder zu hassen, sondern ein liebe- und hassfreies Bild, wie der Mensch ist, in uns zu erwecken. (...) Denn diese Fähigkeit, ohne Hass und Liebe ein Bild des anderen Menschen in sich gegenwärtig zu machen, den anderen Menschen seelisch in sich auferstehen zu lassen, das ist eine Eigenschaft, die mit jeder Woche in der Entwickelung der Menschen, ich möchte sagen, mehr oder weniger dahinschwindet, das ist etwas, was die Menschen nach und nach ganz verlieren.»[53]

Damit haben wir die konkret ausformulierte Empathie-Technik Rudolf Steiners. Das Wort Empathie fällt wiederum nicht.

Zentral ist, dass er explizit fordert, sowohl Antipathie als auch Sympathie zu überwinden. Nur so lässt sich die gesuchte neue Fähigkeit schulen, da diese darauf gründet, «ohne Hass und Liebe ein Bild des anderen Menschen in sich gegenwärtig zu machen». Der Raum jenseits von Antipathie und Sympathie, der bereits in der *Theosophie* einen theoretischen Türspalt weit aufging, wird nun, quasi seelenlichtdurchflutet, betretbar.

Ein Hinweis zu diesem Raum lässt aufhorchen. Das

Üben mit dem liebe- und hassfreien Imaginieren von Menschen, die konkret an unserer Biografie mitgearbeitet haben, führt über die Vorstufe, dass wir für deren Bedeutung «Sinn entwickeln», zur Herausformung einer neuen Fähigkeit der Seele. Rudolf Steiner wiederholt die Formulierung zweimal. Sie lautet: «So löst sich von unserer Seele ein Sinn los.»

Fähigkeiten wachsen, wir erinnern den Satz von Wilfrid Jaensch «auf dem Boden ihrer Abwesenheit.» Die hier in Rede stehende Fähigkeit beginnt nun aber, nach Steiner, eine eigenständige Wirksamkeit zu entfalten: sie wird ein *neuer Sinn*. Diesen zentralen Gedanken hatte er bereits in Bezug auf die Herausbildung von Organen für die Wahrnehmung der geistigen Welt dargestellt. Hier überträgt er ihn auf das Soziale. Und fordert uns damit zum Üben dessen auf, was wir heute Empathie nennen:

«Die Fähigkeit, den anderen Menschen seelisch in sich auferstehen zu lassen» –

Kann Empathie schöner charakterisiert werden?

Ich zitiere noch einmal die eingangs angeführten Definitionen Rudolf Steiners zu Sympathie und Antipathie aus der *Theosophie* und füge nach gegenwärtigem Stand der Betrachtung eine auf Rudolf Steiners Worten basierende erste anthroposophische Definition zur Empathie hinzu:

«Als *Sympathie* muss die Kraft bezeichnet werden, mit der ein Seelengebilde andere anzieht, sich mit ihnen zu verschmelzen sucht, seine Verwandtschaft mit ihnen geltend macht. *Antipathie* ist dagegen die Kraft, mit der sich Seelengebilde abstoßen, ausschließen, mit der sie ihre Eigenheit behaupten.»

Als Empathie bezeichne ich die Kraft, durch die ein Seelenwesen sich anderen um ihrer selbst willen zuwendet, sie einfühlend aufnimmt und imaginativ in sich selbst auferstehen lässt.

Abschließend noch zwei Bemerkungen: Die Idee, Menschen könnten bedürftig werden, sich *neue Sinne* zu erwerben, mit denen sie in Lagen, in denen die alten Sinne, verbraucht und falsch benutzt, nicht mehr weiterhelfen – sie könnten also spirituell-physiologisch *kreativ* werden –, verdankt Rudolf Steiner einem Menschen, der Entscheidendes zu *seiner* Biografie beigetragen hat: Johann Wolfgang Goethe. Bei Goethe lautet die Ur-Idee der spirituell-physiologischen Kreativität wie folgt: «Jeder neue Gegenstand, recht beschaut, schließt ein neues Organ in uns auf.»[54] Wir werden diesem Satz Goethes und seinem Bedeutungsumfeld später nachgehen.

Rudolf Steiner findet seine Formulierungen zur Notwendigkeit spiritueller Kreativität im sozialen Bereich, den er von «antisozialen Trieben» dramatisch bedroht sieht. Wir folgen seinen Gedanken nun noch ein Stück, da wir der Meinung sind, dass diese Arbeit weiterhin zutiefst nötig ist. Mit der langsam verständlich werdenden seelischen Grundkraft Empathie haben wir auch den Ansatz, diese Arbeit sozial produktiv zu machen.

Rudolf Steiner beschreibt die Menschen in der Zeit des

Ersten Weltkrieges: «Sie gehen aneinander vorbei, ohne dass der Trieb in Ihnen erwacht, den anderen Menschen in sich auferwachen zu lassen. Das ist aber etwas, das bewusst gepflegt werden muss. Das ist etwas, was auch in die Kinder – und Schulpädagogik einziehen muss: diese Fähigkeit, am Menschen das imaginative Vermögen zu entwickeln. Denn am Menschen können wir zunächst wirklich das imaginative Vermögen entwickeln, wenn wir uns nicht scheuen, statt dessen, was heute in den Sensationen des Lebens angestrebt wird, still in uns selbst jene Rückschau zu machen, die uns die vergangenen Beziehungen zu den Menschen vor die Seele stellt. Dann werden wir auch in die Lage kommen, imaginativ uns zu verhalten zu den Menschen, die in der Gegenwart uns gegenübertreten.»[55]

«In den Sensationen des Lebens» verstrickt sind wir nach meinem Dafürhalten heute sogar noch mehr als die Menschen am Beginn des 20. Jahrhunderts. Still in uns selbst die Beziehung zu anderen Menschen auferstehen zu lassen, ist vielen ein Bedürfnis geworden, die an ihrer eigenen Entwicklung arbeiten. Dies aber auch zu einem sozialen Vorgang innerhalb der «Kinder- und Schulpädagogik» zu machen, dafür liegen inzwischen Versuche vor, von denen abschließend in diesem Buch – im Kapitel «Die wunderbare Welt der dreigliedrigen Seelenkunde» – erzählt werden soll.

Die Kritik an den «Spiegelneuronen» und unsere Bilder vom Denken

Kehren wir noch einmal zur Entdeckung der Resonanzneurone zurück. Die wissenschaftliche Debatte über sie ist derzeit von einer enormen Ausweitung der Untersuchungen geprägt, wie wir es in dem Zitat von Christian Keysers belegt fanden, «dass Spiegeln nicht eine besondere Eigenschaft einzelner Hirnregionen ist, sondern ein ziemlich allgemeines Prinzip der Hirnfunktionen.»[56] Dagegen sind in jüngster Zeit auch Positionen artikuliert worden, die die Bedeutung der Spiegelneurone stark in Frage stellen und in Bezug auf diese von einem «Mythos»sprechen.[57] Der amerikanische Verhaltensforscher Gregory Hickok, ein profilierter Kritiker der von ihm so genannten «Spiegelneuronentheoretiker», führt aus, «dass unser Wissen über die Welt und unsere persönlichen Erfahrungen mit ihr auf der Integrität eines Netzwerkes *höherer Ordnung* (Hervorhebung: *KHB*) beruht, das weitgehend vom sensorischen und motorischen System getrennt ist. Das bedeutet nicht, dass auf den elementaren Ebenen des sensorischen und motorischen Systems nicht nützliche Information gespeichert wird oder werden kann.»[58] Aber «unter der Annahme, die Spiegelneurone würden direkte Konsequenzen herstellen, lässt sich nicht mehr erklären, woher die Spiegelneurone überhaupt wissen, wann sie spiegeln sollen».[59] Weder die von Rizzolatti vertretene Grundaussage: «Wir verstehen Handlungen, weil in unserem Gehirn die motorische Repräsentation dieser Handlungen aktiviert wird», lässt Hickok gelten, noch die bereits von uns kritisch besprochene Aussage, die Spiegelneurone würden uns eine «unmittelbare» Teilhabe an den Emotionen anderer ermöglichen.

Es ist deutlich, dass hier nicht der Ort sein kann, neurobiologische Kontroversen zu bewerten. Für unser Menschenbild finde ich es dagegen belangvoll, noch einmal auf die Bilder zu sprechen zu kommen, mit denen wir heute geläufig unser Gehirn und seine Funktionen und damit unsere eigenen alltäglichen gedanklichen Prozesse in sprachliche Bilder übersetzen. Christian Keysers macht dazu eine bemerkenswerte Aussage:

«Paradoxerweise ist die größte Hürde für das Verständnis des menschlichen Geistes die obsessive Fixierung auf Rationalität im Geist der ihn erforschenden Wissenschaftler. Die zweite Hürde sind Computer. Gemeinsam haben die beiden die Vorstellung eines Gehirns geschaffen, das alle Informationen bewusst, logisch und abstrakt verarbeitet – wie es Computer tun. (...) Die abstrakt-rationale Auffassung der Forscher setzte sich noch stärker in der allgemeinen Vorstellung fest, weil es jene Falle gab, die man den ‹Gehirn-Computer-Fehlschluss› nennen könnte. Wie die meisten biologischen Objekte sind Gehirne für uns schwer zu verstehen, weil wir sie nicht konstruiert haben.»[60]

Die Erinnerung daran, dass Gehirne komplexe *biologische* Strukturen sind, die selbst «technisch», also in ihrem Aufbau und ihrer Anatomie betrachtet, objektiv ein anderes Vokabular erfordern würden, als das, welches für Computer verwendet wird, wiegt allein schon schwer genug. Eine den *Lebensprozessen* des Gehirns angemessene Sprache, die Geist und Organismus gleichermaßen treffend formulieren kann, ist offensichtlich in weiter Ferne. Unsere naive Technikgläubigkeit verleitet uns, Begriffe wie «Speichern» an die Stelle bereits vorhandener, wesentlich anspruchsvollerer und genauerer Wörter zu setzen, die gedankliche Vorgänge in nicht-technischer Weise beschreiben. Das *Merken* (statt «Speichern») habe ich bereits angeführt – es trägt das Markieren-zum-Zwecke-des-Festhaltens deutlich in sich. Wie wunderbar genau aber ist erst ein Wort wie *erinnern*. Zeigt es doch mit der Aussagekraft einer unverwechselbaren Geste seinen «Arbeitsweg»: nach innen. Oder das Wort *vorstellen*. Dass ich dabei gedanklich etwas vor mich hinstelle, kann klarer nicht ausgesagt werden. Im Vorstellen schaffe ich mir ein auch zeitlich vorgreifendes Vis-à-vis – wie im Erinnern der zeitliche Blick zurück mitklingt. Mit diesem Vis-à-vis trete ich nun in eine intime Nähebeziehung; das Vorstellen stellt etwas vor mich, damit ich mich schon einmal darin aufhalten und vorfühlen kann, wie es wäre, wenn es so käme. Selbst, dass das Vorstellen ein projektiver Vorgang ist, der die potenzielle Weltoffenheit meines Blickes durch meinen nun *vor* der Welt stehenden Vorstellungs-Liebling verstellt, bringt das Wort zum Ausdruck. Natürlich möchte ich mit diesen Überlegungen den Wissenschaftszweigen ihre Fachsprachen nicht diskreditieren. Aber ich möchte fragen, was diese leisten und ob sie nicht terminologische Gefängnisse sind. Jedenfalls empfehle ich dem geneigten Leser, sein eigenes Verständnis der Wörter, mit denen er seine Gedankenprozesse artikuliert, spielerisch zu überprüfen. So wunderbare Wörter wie *erkennen, einsehen, überlegen, nachdenken,* und mindestens auch noch *vergessen,* lohnen sich eminent, um sie meditativ auszukosten.

Bei Christian Keysers findet sich eine Passage, in der er es wagt, seinen eigenen Sprachcode einmal zu überschreiten – mit überraschendem Resultat:

«Mit der ganzen Hightech-Ausrüstung der zeitgenössischen Neurowissenschaften stellen wir fest, dass das Gehirn in Wahrheit ein großer Dichter ist. Es liefert uns eine wunderbare Schilderung des geheimen Innenlebens der Menschen um uns her. Es versteht, was wir sehen und hören, mit einer alle Sinnesmodalitäten einbeziehenden Beschreibung dessen, was wir an ihrer Stelle tun, fühlen und empfinden würden. Wie jeder Dichter verfährt das Gehirn dabei in seinem ganz subjektiven und persönlichen Stil, der die tatsächlichen Gefühle und Absichten anderer im Spiegel unserer eigenen Erfahrungen zeigt, aber dennoch die Geisteszustände der Menschen mit intuitiver Lebhaftigkeit und Nachvollziehbarkeit wiedergibt.»[61]

Hier kommt Keysers zu einer in meinen Augen abschließend sinnvollen Verwendung des Bildes vom «Spiegeln». Nicht Neurone spiegeln Wahrnehmungen, sondern jedes Menschen schöpferisches Gehirn spiegelt den Reichtum seiner eigenen Erfahrungen an dem, was es wahrnimmt; an dem *Wenigen,* was es wahrnimmt. Wie beim realen Spiegel reicht eine glatte, dunkel untermalte Oberfläche dazu aus, Projektionen blühen zu lassen und in Spiegel-Gefängnisse abzudriften, an deren labyrinthischem Ende eventuell ein Funken treffender Wahrnehmung eines «Anderen» gefunden wird.

Die Schule der Einfühlung oder: Ein konkretes Beispiel für das bewusste Arbeiten mit der seelischen Grundkraft Empathie

Die Technik der Einfühlung, von der nun die Rede sein soll, geht von der von Rudolf Steiner vorgeschlagenen Grundsituation aus, sich mit abwesenden, «in der Vergangenheit mit uns zusammenhängenden Persönlichkeiten» durch Empathie zu verbinden und ein «liebe- und hassfreies «Bild» derselben in uns zu erschaffen. Ziel der Übung ist, wie ebenfalls von Rudolf Steiner angeregt, den durch Einfühlung «von unserer Seele gelösten» Empfindungsraum, den ich eine Schule der Empathie nenne, dergestalt zu kräftigen, dass er «nun auch dem Menschen gegenüber, dem wir dann von Angesicht zu Angesicht in der Gegenwart gegenüberstehen», wirksam werden kann. Bewusste Einfühlung ist die wichtigste der Schulen der Empathie. So kann in ihr gearbeitet werden:

1. Schritt: Das Hineinversetzen

Ich konzentriere mich auf mich selbst. In den Kreis meiner Konzentration lasse ich einen konkreten Menschen treten; ich spreche ihn hier als «du» an. Ich imaginiere dich nun in einer konkreten Situation, die zwischen uns stattgefunden hat. Ich verweile nicht bei den Vorgängen, sondern rufe mir diese nur wach und versuche, meine Erinnerung so vielschichtig wie möglich «anzuzapfen» Wie klang zum Beispiel deine Stimme? Ich tauche in ihr Gewässer und fühle an, wie tief es ist; wie klar oder trüb; wie temperiert, wie bewegt. Als Nächstes versuche ich, deine Körperlichkeit zu erinnern. Ich schlüpfe in deine Bewegungen hinein: in ihren Fluss, ihr Schlackern, ihre Gelöstheit; in ihre Anspannung. Ich trete in Dialog mit deiner Aufrichtekraft und setze ihre konkrete Gestalt probeweise in meinen eigenen Körper.

Wichtig ist, dass ich bei dieser Einarbeitung in deine von mir erinnerte körperlich-seelische Gestalt bei Wahrnehmungen und Qualitäten bleibe, auf keinen Fall aber in Wertungen, Reflexionen oder Abstraktionen abdrifte. Ich weise also zum Beispiel zurück, wenn mein inneres Bild deiner Unruhe mir die Ableitungen «Nervosität» oder «Unsicherheit» aufschwatzen möchte, fokussiere das Bild deiner unruhigen Bewegung – und gehe weiter.

2. Schritt: Die Identifikation

Sobald du mir in meiner Imagination sinnlich genügend präsent geworden bist, entscheide ich mich, nun meine Beobachterposition aufzugeben und mich in dich hineinzuversetzen. Ich identifiziere mich mit dir wie mit einer Theaterfigur: Ich weiß noch, dass ich ich bin, aber ich gehe voll mit deinen Gefühlen mit, die in meinen Gefühlen wiedertönen. Ich gebe mich ganz deinen Bewegungen hin und schwinge mit ihnen mit. Ich erlaube mir, Gedanken zu denken, die deine sein könnten, und teile deine Erlebnisse. Du tanzt mit mir in deinen Armen. Wir sind nicht eins, aber «eins plus», da ich aufgehört habe, mich von dir abzugrenzen. – Rudolf Steiner nennt diese Phase des Einfühlungsprozesses: «Die Antipathie schweigt.» –

Es gilt nun aber, auch die Sympathie zum Schweigen zu bringen. Ich muss also, während ich mich als du fühle, das, was ich dabei toll finde, meine Bewunderung für Aspekte deiner Persönlichkeit, sehr genau realisieren und darauf achten, dass ich diese wirklich als *deine* Eigenschaften sehe. Wahrscheinlich wird das meine Bewunderung – sie ist eine der Schulen der Empathie – für dich sogar steigern, meine Identifikation anfachen und mir das Gefühl vermitteln: «Genau so bin ich auch!» Mit dieser Täuschung führt mich meine Einfühlung in den Bereich der Sympathie hinüber. Ich erkenne sie an – am besten schmunzelnd, denn Humor ist eine weitere Schule der Empathie – und versuche, sie loszulassen. Du bleibst du, auch wenn ich mich gerade genauso fühle. An dieser Stelle wird deutlich, dass Einfühlung nichts mit symbioseartigem Ein-Kitschen in den anderen zu tun hat, sondern eine realistische, intensive Arbeit darstellt. Wenn die Gefühle zu selig werden, ist Vorsicht geboten.

Indem ich nun einen Resonanzraum für dich bilde, bleibe ich selber ständig voll präsent. Sonst würde ich überhaupt nichts mehr wahrnehmen – was natürlich auch passieren kann. Wenn ich aber mit dir tanze, dann bemerke ich, wie du mich mitträgst; nur ein Stück weit, oder eventuell sogar sehr lange. Aber ich bemerke auch, dass ich dem Prozess meiner Einfühlung immer wieder «Anschwung» geben muss wie einem Kind auf einer Schaukel. Denn meine Einfühlung hat die Tendenz, zu mir selbst zurückzukehren, mit einem befriedigten Seufzer mein eigenes Innenleben überzustreifen und sich vor meinen Kamin plumpsen zu lassen. Auch deshalb muss ich wach, auf meine Imagination von dir bezogen, auf dich fokussiert bleiben.

3. Schritt: Die Frage

Der voll identifiziert Mitschwingende stellt sich nun die Frage, ob es etwas Konkretes gab, das er über den Vorgang der Einfühlung von dir erfahren, in dir erleben wollte. Das muss nicht der Fall sein, es ist natürlich ebenso förderlich, Einfühlung *um ihrer selbst willen* zu üben. Falls es aber so ist, dass die Einfühlung der Hermeneutik, dem Entschlüsseln und Enträtseln eines Menschen anhand seiner wahrgenommenen

Lebensäußerungen dienen sollte, gilt es nun, die schwierigste Strecke des Weges zu meistern.

Die Einfühlung gibt mir ja das Gefühl, mit dir ganz verbunden zu sein. Das macht mich leichtgläubig gegenüber meinen eigenen Konzepten. Mit Konzepten ist sowohl der gewaltige Fundus an Meinungen und Haltungen gemeint, die ich in mir trage, als auch die Form, in der ich meine bisherigen Erfahrungen mit dir verarbeitet habe. Beide stellen mächtige Voreingenommenheiten dar, und es ist nur zu wahrscheinlich, dass mir «deine» Stimme in *ihrem* Namen sprechen wird. Woher kann ich wissen, dass dies nicht der Fall ist? Nun, *wissen* kann ich es nicht. Ich muss meinem eigenen Empfinden gegenüber sehr ehrlich sein und das, was in mir als «deine» Antwort auf meine Frage erscheint, liebevoll kritisch, wie ein Rätselwort, auf seine Richtigkeit und seine Aussage hin wieder und wieder prüfen, wenn ich nach vollzogener Einfühlung «wieder bei mir» bin. Zunächst aber kann es durchaus sein, dass ich in einen kleinen Glücksrausch darüber gerate, etwas «verstanden» zu haben. Warum nicht.

4. Schritt: Aufheben der Identifikation

Ich schließe den Vorgang meiner Einfühlung in dich ab, indem ich meine Identifikation mit dir bewusst aufhebe. Ich kehre zu mir selbst zurück, komme bei mir an, verspüre den Nachklang – oder wende mich nüchtern dem nächsten Thema zu. Wichtig ist, mir auf dem «Weg zurück» deutlich zu machen, dass ich nicht an einer mystischen, sondern an einer bewussten Erfahrung gearbeitet habe; wie eingeschränkt auch immer das, was wir unser Bewusstsein nennen, ist. Es kommt darauf an, das Gewonnene als das Resultat *meiner* Arbeit zu sehen. Ich habe *an mir* gearbeitet und bin *für mich* weitergekommen. Natürlich kann das *dir* dennoch helfen; auch dann, wenn ich mit dir gar nicht darüber rede. Trotzdem hat echte Interpersonalität noch weit andere Dimensionen. Und zum «Zeitalter der Empathie» gehört entscheidend, dorthin sein Fühlen und seine Fühler auszustrecken, wo die Räume zwischen mir und dir explizit werden.

Zum Abschluss meines als Beispiel, wie es viele Beispiele geben könnte, angeführten Empathie-Versuches in der Schule der Einfühlung möchte ich die oben gegebene anthroposophische Definition der Empathie um die gerade gewonnenen Einsichten vermehren. Die erweiterte Definition lautet nun:

Empathie ist die Kraft, mit der ich mich einem anderen um seiner selbst willen zuwende, mich in ihn einfühle und ihn durch Identifikation in mir auferstehen lasse.

Du und ich

Einen groß angelegten Versuch an der «prekären» Grenze, die in dem Niemandsland, genannt «Wo-höre-ich-auf-und-wo-beginnst-du?» (und umgekehrt)» verläuft, hat der Philosoph Peter Sloterdijk mit seinem Forschungsprojekt *Sphären* unternommen. «Philosophisch nach dem Menschen zu fragen», bedeutet für ihn darin «an erster Stelle: Paar-Ordnungen untersuchen, offensichtliche und nicht so leicht sichtbare, solche, die mit umgänglichen Partnern gelebt werden, und solche, die Allianzen mit problematischen und unerreichbaren Anderen stiften.»[62]

Sloterdijk bezieht damit eine Beobachterposition, die sich von dem «Hauptstrom der individualistischen Abstraktion» grundlegend unterscheiden möchte. So bezeichnet er das Ich-fixierte, auf Subjektautonomie beharrende Denken, welches die entscheidende Rolle, die das Du und das Wir für unsere Subjektivität spielen, zu leugnen versucht. «Für die philosophisch reformulierte Wissenschaft vom Menschen», schreibt Sloterdijk, «sind die Paarforschung und die Theorie des Dualraums konstitutiv. Sogar was neuere Philosophen das menschliche Existieren genannt haben, ist also nicht länger zu verstehen als das Hinausstehen des einsamen Einzelnen ins unbestimmte Offene, auch nicht als die private Hineingehaltenheit des Sterblichen ins Nichts; Existieren ist ein Paar-Schweben mit dem Zweiten, durch dessen Nähe die Mikrosphäre ihre Spannung wahrt.

Zu meiner Existenz gehört das Umschwebtsein von einem vorgegenständlichen Etwas, das dazu bestimmt ist, mich sein zu lassen und zu fördern. Darum bin ich nicht, wie die aktuellen Systemiker und Bio-Ideologen es mir in den Mund legen, ein Lebewesen in seiner Umwelt; ich bin ein Schwebewesen, mit dem Genien Räume bilden.»[63]

Sloterdijks dergestalt wieder zu Selbstbewusstsein gelangtes philosophisches Denken untersucht Weltzusammenhänge als Raumformen; deshalb nennt er sein Projekt «Sphären». Das Ich wird dabei nicht seiner Eigenständigkeit entkleidet, sondern auf die seiner Entwicklung innewohnenden Ergänzungen durch andere hin betrachtet. Menschen sind für Sloterdijk «Sphärenwesen, die nur im Zusammenspiel mit ihren Ergänzern, Begleitern und Verfolgern Lebensrisiken in der Weltoffenheit meistern».

Wenn wir mit Sloterdijk den Seelenraum als Beziehungsraum zu denken imstande sind, müssen wir unsere zeitweilige oder länger anhaltende Identifikation mit anderen nicht mehr als Autonomieverlust herabwürdigen, sondern können sie als – wenn auch labyrinthisch-täuschungsgefährdeten – Eigenraum anerkennen. Identifikation ist ein Teil der allem seelisch Lebendigen lebensnotwendigen Kraft, sich mit anderen zu verbinden – sei es sympathisch oder empathisch.

Was aber heißt «Beziehungsraum» genau? – Wie sind die «Sphären», als konkrete Räume vorgestellt, beschaffen? Wie sieht «Seelenraum» aus, wenn wir uns einmal die Denkfaulheit, von einem solchen *ohne* konkrete Vorstellung seiner Räumlichkeit – oder Räumlichkeiten – zu sprechen, nicht durchgehen lassen? Wir erinnern uns daran, wie diffizil sich Rudolf Steiner in der *Theosophie* an seinen Seelenraum-Beschreibungen abgearbeitet hat. Und wie viel wir gewonnen haben, als wir versuchten, uns das, was er sagt, wirklich deutlich vor Augen zu stellen.

Peter Sloterdijk nimmt einen weiten Anlauf zu seinem verblüffenden Ziel: «Dass Menschen Wesen sind, die an Räumen teilhaben, von denen die Physik nichts weiß: Durch die Ausarbeitung dieses Axioms hat sich eine moderne psychologische Topologie etabliert, die den Menschen, ohne Rücksicht auf seine ersten Selbstlokalisierungen, über radikal verschiedene Orte verteilt, bewusste und unbewusste, taghafte und nächtliche, ehrenhafte und skandalöse, solche, die dem Ich angehören, und solche, an denen innere Andere ihr Lager aufgeschlagen haben. Es macht die Stärke und Eigenständigkeit des modernen psychologischen Wissens aus, dass es die menschliche Position aus der Reichweite der Geometrie und der Einwohnermeldeämter entrückt hat. Auf die Frage, *wo* ein Subjekt sich aufhält, sind durch psychologische Untersuchungen Antworten gegeben worden, die den physikalischen und zivilen Augenschein Lügen strafen. Nur die Körper von Toten sind ohne Mehrdeutigkeit zu lokalisieren; der Anatom, der vor dem granitenen Tisch steht, wird sich nicht zweimal fragen lassen, wo sein Gegenstand ist: für die Körper im äußeren Raum sind nur die Koordinaten des Beobachters von Belang. In Bezug auf Wesen, die auf menschlich ekstatische Weise *am Leben* sind, stellt sich die Ortsfrage von Grund auf anders, weil die primäre Produktivität der Menschenwesen darin besteht, an ihrer Einquartierung in eigensinnigen, surrealen Raumverhältnissen zu arbeiten.»[64]

Menschen sind nach Sloterdijk also nicht einfach Individuen, in der egomorphen Falle gefangen, sondern ekstatische Eigen-Raum-Bildner. In ihren «surrealen Raumverhältnissen» sind sie zudem nie allein, sondern meistens in Vereinigungs-, Einfühlungs- oder Abstoßungszuständen mit anderen unterwegs, ob in der Fremde oder daheim. Denn in Sympathie, Antipathie und Empathie *verbinden* wir uns als Menschen miteinander. Diese Räume der verschiedengestaltigsten Gemeinsamkeiten aber brauchen wir für unser allein nicht zu bewältigendes Großprojekt, *menschlich* zu werden. Ich habe einige davon, sofern sie mir konkret kenntlich sind, als die erwähnten «Schulen» beschrieben.

Bewunderung als Schule der Empathie

Bewunderung ist eine Schule der Empathie, weil wir in ihr Menschen und anderen Wesen auf intimste Weise nahe kommen, auch ohne ihnen von Angesicht zu Angesicht gegenüberzustehen. Unsere bewundernde Nähe ist ein Ort voll glühender Schwärmerei, inniger Ergriffenheit und erhebenden Stolzes – allerdings nicht für uns selbst, sondern für das bewunderte Wesen. Ohne Bewunderung und den glühenden Enthusiasmus, den sie entfacht, blieben Menschen Höhlenbewohner des Pragmatischen; keine Kunst, keine Religion würde voll jubelnder, visionärer und schluchzender Poesie ihren Herzen entsteigen.

Natürlich schwingt auch eine Menge Sympathie in den Euphorien der Bewunderung mit. Bewunderung ist aber in ihrem Kern empathisch, weil sie sich niemals trauen würde, von dem Bewunderten etwas für sich selbst zu fordern. Bewunderung versinkt lieber vor Scham im Boden zu Füßen des Angebeteten, als dass sie sich ungebührlich bemerkbar machen würde. Bewunderung hat eine tiefe Beziehung zur Demut. Ja, vielleicht ist ihre schmerzlich-schöne Erhöhung das, was uns im Vorgang der Devotion so weit über uns selbst hinauswachsen lassen kann.

Welche Werkstätten entfachen in unserer Seele die Lohe der Bewunderung, welche Gärten kultivieren hingebungsvoll ihre schönen Blüten?

Ein Kernvorgang und damit eine wichtige Werkstatt der Bewunderung heißt: Idealisierung. Das nicht rein positiv zu sehende Bedürfnis, Personen schöner zu machen, als sie sind, sie über andere zu erheben und in ein Verehrungsverhältnis zu ihnen einzutreten, beschreibt eine Seite der Bewunderung, die bis in die letzten Höhen der Sakralisation führt.

Aber Bewunderung ist auch der seelische Ort, an

dem sich Helligkeit und Dunkel am deutlichsten gegenseitig steigern. Ihre Werkstätten oder Gärten kennen die Kunst der Aufwertung ebenso wie intensive, ja gefährliche *Abwertungsprozesse.* Das Hohe erscheint höher, wenn ihm Tiefe gegenübersteht. Der wertvolle Mensch glänzt am wirkungsvollsten aus als wertlos erachteten hervor. Was Himmel ersehnt, erschafft auch Höllen: In den Werkstätten der Bewunderung leben die Widergänger der Dämonisierung und der Entwürdigung neben den Bildern der Vergöttlichten.

Ein weiterer Kernvorgang der Bewunderung, wir haben ihn als empathischen Prozess bereits detailliert betrachtet, ist die Identifikation. Sie schwingt, von dem Gefühl der geistigen Verwandtschaft ihren gesunden Ausgang nehmend, über die problematische Über-Identifikation, die wir Symbiose nennen, bis zur völligen Selbstaufgabe eines geistig hörigen Sektenmitgliedes stets in den Wellen der Bewunderung mit.

Aber auch alles Sehnsuchtsvoll-Offene ist eine Werkstatt der Bewunderung. Bewunderung erzeugt Höhenluft, macht die sinnliche Welt zum Göttlichen hin transparent. Sie hilft Menschen, an Ideale zu glauben. Sie beflügelt sie, die Werte, die ihre Menschlichkeit ausmachen, stets neu zu definieren und ihre Durchsetzung gegen mächtigste Widerstände zu erkämpfen. Dem Höheren gegenüber unempfindlich zu werden, bedeutet, den Weg zum Menschlichen zu verlassen. Begangen werden aber muss er in Zukunft mit der Stärke der *Nicht-Abwertung,* sonst scheitern die Ideale an ihren Überhöhungen, und die Täler des Menschlichen werden

zu Höllen, über denen die Gipfel künstlich im hassens-
werten Licht der Lüge strahlen.

In der beschriebenen ambivalent sich steigernden
Weise ist Bewunderung die seelische Schule der Religio-
nen. Sie könnte also auch heißen: die Schule, in der wir
die Transzendenz erfinden.

Humor als Schule der Empathie

Humor verdankt sich, wie alles Empathische, dem Anderen. Humor öffnet, was wir ernsthaft mitfühlend
an anderen Menschen wie an uns selbst erlebt haben,
ins Soziale – in Gestalt von Freude, von Lebens-Leich-
tigkeit, von beschwingender Ironie und bitter-bösem
Zynismus. Aber auch im Verständnis existenzieller
Tragik.

Humor zu erklären stellt ein Unterfangen dar, das
nicht nur zum Scheitern verurteilt sein muss; es ist
sogar gut, wenn es nicht gelingt. Denn das Scheitern ist
der Funke, der die heilenden oder versehrenden Flam-
men des Humors in seinem jeweiligen Stoff zum Bren-
nen bringt. Daher auch die Beziehung zur Tragik und
sein Gegründetsein in der Empathie.

Wenn ich nicht öfter, und irgendwann wissend, miterlebt habe, wie andere gescheitert sind, und wenn ich die
Gefühle, die mit dem Scheitern einhergehen, nicht an
mir selber hundertmal erlebt habe, werde ich niemals

darüber lachen können. *Zu wissen, wie es sich anfühlt –* das ist der empathische Kern des Humors.

Dieses Wissen kann ich natürlich kalt ausnutzen. Dann begebe ich mich auf die öde Straße, die man Zynismus nennt. Der Zynismus hasst seine eigene Ohnmacht ebenso, wie er den zu verachten vorgibt, über den er lachen will; er ist damit eine stark antipathisch gefärbte Werkstatt in der empathischen Schule des Humors. Aber selbst der Zynismus könnte seine giftigen Pfeile nicht ins Ziel bringen, wenn er nicht vom Herzen des anderen, also von seiner Gefühlslage *wüsste*. Und dieses Wissen entsteht, wie wir gesehen haben, nicht in der ablehnenden Vergedanklichung der Antipathie. Auch der identifikatorischen Selbstsucht der Sympathie entspringt es, wie noch darzustellen sein wird, nicht.

Guter Humor ist eine Frucht echten Mitfühlens. Allerdings eines anderen Mitfühlens als das, welches die Gefühle des anderen «nur» in sich resonierend und *gleichlautend* erlebt. Um einer Situation mit allseits erheiterndem Humor begegnen zu können, muss ich mit meinem Mitfühlen dem Gefühl des anderen, das ich messerscharf genau verstehe, ein kleines Stückchen voraus sein. Ich muss für die scheiternde Situation, in der er sich befindet, eine Lösung ins Menschliche erkennen; nur so kann ich – Beweis des besten Humors – auch ihm selbst mit einem Lachen über sein Scheitern hinweghelfen.

Im komischen Theater oder bei Witzen funktioniert der Abstand, den ich gerade «Ein-kleines-Stück-voraus-Sein» genannt habe, durch die rein räumliche Trennung von Scheiterndem und Lachendem bzw. die Tatsache, dass wir uns bei Witzen den Blamierten nur vorstellen. Die Distanz des freundlichen Humors ist warm. Die des Zynismus ist kalt. Ohne Distanz aber gibt es keinen Humor.

In Witzen lachen wir übrigens, weil ihr Humor ganz vornehmlich aus unserer eigenen sozialen Phantasie gespeist ist, eigentlich über uns selber. Hier zeigt sich die jedem Menschen individuell einwohnende «Humorlage». Weiß ich, worüber du lachst, dann weiß ich, wie du dich selbst qualitativ im Sozialen verortest: Nett oder rau, oben oder unten, vorwitzig oder schüchtern usw.

Nur wenn wir in der Lage sind, soziale Situationen zu lesen und den seelischen Raum der beteiligten Akteure einfühlsam mit zu betreten, können wir gemeinsam befreit über uns selber lachen.

Sympathie

Liebe ist kein Gefühl

Nachdem wir am Ende unseres Kapitels über Empathie begonnen haben, uns mit Gedanken vertraut zu machen, die den Gefühlsräumen zwischen Du und Ich neue Bilder und neue Ansichten ermöglichen können, wenden wir uns nun explizit der seelischen Grundkraft zu, in der sich das Ich auf das Du bezieht: der Sympathie. Schulen der Sympathie sind für mich zum Beispiel Lust, Vertrauen und Neugier; als diejenigen Gefühle, die uns positiv in die Welt einspannen, die uns begehrlich machen und durch ihre liebende Aufnahme in der Welt halten. Das zentrale Problem in der Betrachtung von Sympathie ist damit bereits markiert: Sympathie ist nicht gleich Liebe, wie wir landläufig so felsenfest annehmen.

Rudolf Steiners menschenkundliche Definition von Sympathie etwa lautet: «Sympathie verwandelt uns das Seelenleben in das, was wir als unseren Tatwillen kennen».[65] Nun haben wir bereits dargestellt, dass die menschenkundlichen Definitionen Steiners sich auf den spirituell-unbewussten Aspekt des Seelenlebens, landläufig: unsere Gefühle beziehen. Dennoch bleibt herauszustellen, dass gerade in spiritueller Hinsicht für Rudolf Steiner in Bezug auf Sympathie der Begriff «Liebe» keinerlei Rolle spielt. Erst in pädagogischer Hinsicht kommt er – wir werden darauf noch eingehen – im Zusammenhang mit Sympathie auf das «Lieben» zu sprechen.

Und in erotischer Hinsicht? In zwischenmenschlicher? Ist nicht Liebe da das Gefühl *schlechthin*? Aber natürlich. Nur etwas anders, als wir es zu sehen gewohnt sind. Der große jüdische Religionswissenschaftler Martin Buber hat zu Beginn des 20. Jahrhunderts (mit anderen) die Forschung über das Zwischenmenschliche, von der sich auch Sloterdijks uns bereits bekannte Überlegungen herleiten, in der sogenannten «Dialogik» explizit gemacht. Sein berühmtestes Buch *Ich und Du* – 1922 erstmals erschienen – erforscht grundlegend den Raum der Gefühle und beinhaltet eine bestürzende Erkenntnis über die Liebe:

«Gefühle begleiten das metaphysische und metapsychische Faktum der Liebe, aber sie machen es nicht aus; und die Gefühle, die es begleiten, können sehr verschiedener Art sein. (...) Gefühle werden «gehabt»; die Liebe geschieht. Gefühle wohnen im Menschen; aber der Mensch wohnt in seiner Liebe. Das ist keine Metapher, sondern die Wirklichkeit: die Liebe haftet dem Ich nicht an, sodass sie das Du nur zum «Inhalt», zum Gegenstand hätte; sie ist *zwischen* Ich und Du. Wer dies nicht weiß, mit dem Wesen weiß, kennt die Liebe nicht, ob er auch die Gefühle, die er erlebt, erfährt, genießt und äußert, ihr zurechnen mag. Liebe ist ein welthaftes Wirken. Wer in ihr steht, in ihr schaut, dem lösen sich Menschen aus ihrer Verflochtenheit ins Getriebe; Gute und Böse, Kluge und Törichte, Schöne und Hässliche, einer um den andern wird ihm wirklich und zum Du, das ist losgemacht, herausgetreten, einzig und gegenüber ... »[66]

Martin Buber unterscheidet die Liebe hier nicht nur von allen *anderen* Gefühlen, sondern von *jeglichem* Gefühl. Er nennt sie ein «metaphysisches und metapsychisches Faktum», also einen Prozess *über* der körperlichen und *über* der seelischen Welt. Liebe ist ihm ein «welthaftes Wirken», ein Grundprozess des Seins also, verwandt dem steinerschen «Verwandeln des Seelenlebens in Tatwillen», aber noch klarer verstanden, die Liebe auch im Erleben begreifend: «Gefühle wohnen im Menschen; aber der Mensch wohnt in seiner Liebe.» Mit diesem Raum-Bild veranschaulicht Buber das Außerordentlich-Außerdimensionale der Liebe; und er will dies nicht als Metapher verstanden wissen, denn Liebe begründet ihm erst den Zwischenraum zwischen Ich und Du, eröffnet also eine neue Welt, wie das «Seelenlicht» in Steiners Betrachtung aus dem Buch *Theosophie*. Gleichzeitig treten die Liebenden aber auch aus aller Welt aus, indem sie lieben: «Wer in ihr steht, dem lösen sich Menschen aus ihrer Verflochtenheit ins Getriebe» (also aus dem «Treiben der Welt»).

Gründung einer neuen Welt – und Heraustreten *aus aller Welt* (aus allem, was den Liebenden bis dahin Welt war) – so möchte ich die gewaltig anbrandende, zugleich reißend abfließende Woge der Liebe, Buber folgend, beschreiben.

Martin Bubers überraschende Neu-Verortung der Liebe gibt uns die Möglichkeit, die Seelenverfassung menschengestaltiger Wesen von Grund auf anders als gewohnt zu bedenken. Für unsere Untersuchung der seelischen Grundkraft Sympathie ist entscheidend, das «metaphysische, metapsychische Faktum der Liebe» nicht mit Sympathie zu verwechseln.

Und dennoch sollten wir der Liebe, anders als die mitleidlose Überschrift dieses Kapitels ankündigt, noch eine Chance geben. Wir tun dies mit Peter Sloterdijk und hören, was er, den «interpersonalen Raum» betrachtend, in Bezug auf die Liebe herausgefunden hat. Gerne nehmen wir dabei noch einmal seine Kritik am egomorphen Weltbild mit auf den Weg:

«Lange bevor sich die Axiome der individualistischen Abstraktion durchsetzen konnten, war von den Psychologen-Philosophen der frühen Neuzeit klargemacht worden, dass der interpersonale Raum überfüllt ist von symbiotischen, erotischen und mimetisch-konkurrenziellen Energien, die die Illusion der Subjektautonomie von Grund auf dementieren. Das Grundgesetz der Intersubjektivität (...) ist die Bezauberung des Menschen durch den Menschen. (...) Als begehrende und nachahmende Wesen machen Menschen unaufhörlich die Erfahrung, dass sie nicht nur ein einsames Potential an Verlangen nach dem anderen in sich tragen; sie erleben zugleich, dass es ihnen auf eine undurchsichtige und nicht-triviale Weise gelingt, die Objekte ihres Begehrens mit ihrem eigenen Verlangen anzustecken. (...) In der Sprache der Tradition figuriert das als das Gesetz der Sympathie; dieses verfügt, dass Liebe nicht anders kann als Liebe zu wecken».[67]

Wir werden gleich sehen, wie die historische Entwicklung des Wortes «Sympathie» den von Sloterdijk charakterisierten Zusammenhang eröffnet. Die drei

Werkstätten, in denen nach Sloterdijk die Sympathie Schule macht, sind verschmelzender (symbiotischer), erotischer (anziehender) und mimetisch-konkurren-zieller (Verwandtschaft geltend machender) Natur. Mit meiner Übersetzung habe ich gerade gezeigt, dass Sloterdijks Beschreibungen der Definition der Sympathie durch Steiner sehr nahe, um nicht zu sagen: verwandt sind.

Sloterdijk greift aber noch weiter aus und führt seine Untersuchung der «Proto-Psychologien» in der Renaissance, welcher der oben stehende Text entstammt, auch in den spirituellen Bereich weiter:

«Aus der Faszinationsanalyse der ersten europäischen Tiefenpsychologie ergibt sich eine doppelte Aussage über die Natur von bipolarer Intimität: Als vulgäre Liebe bedeutet die Hingezogenheit zum andern die Wirkung einer gegenwärtigen Infektion durch fremde Lebensgeister; als erhabene Liebe ist die Sehnsucht nach dem anderen die wirksame Spur der Erinnerung an die Koexistenz mit Gott.»[68]

Diese Spaltung in niedrige und hohe Liebe hat ihre Verheerungen nicht nur in den Herzen der Liebenden hinterlassen, sie hat die menschliche Liebesfähigkeit schlechthin mit Füßen getreten. Martin Buber konnte, mit dem 20. Jahrhundert einhergehend, das die verheerende Spaltung in Tat und Theorie aufzuheben begann, einen Weg für die Rückkehr zur «Koexistenz mit Gott» finden. Sein Weg gilt allgemein dem «Du», nicht nur einem Gott, und vermochte auch die «Infektion mit fremden Lebensgeistern», die der Sympathie eignet, von der Liebe zu unterscheiden. Ich möchte Martin Bubers Ansatz den «Weg des Du» nennen. Er fasst ihn folgenderweise auf:

«Die Beziehung zum Du ist unmittelbar. Zwischen Ich und Du steht keine Begrifflichkeit, kein Vorwissen und keine Phantasie; und das Gedächtnis selbst verwandelt sich, da es aus der Einzelung in die Ganzheit stürzt. Zwischen Ich und Du steht kein Zweck, keine Gier und keine Vorwegnahme; und die Sehnsucht selber verwandelt sich, da sie aus dem Traum in die Erscheinung stürzt. Alles Mittel ist Hindernis. Nur wo alles Mittel zerfallen ist, geschieht Begegnung.»[69]

Wohlgemerkt, Buber spricht nicht von Liebe, er spricht von Beziehung. Hier, im Zusammenhang mit Sympathie und ihren Verwirklichungswegen, macht es Sinn, von «Unmittelbarkeit» zu sprechen – nicht aber in Bezug auf die Echoneurone. Und es wird deutlich, dass wir mit diesem ebenso ganzheitlichen wie intimen, nur zwischen konkreten Menschen realisierbaren Ansatz in das Zeitalter eintreten, wo «Beziehung» ein Prozess wird, der für uns *vor* allen seinen Inhalten Bedeutung gewinnt.

Damit die Deutlichkeit angesichts der wunderbar mystisch-poetischen Sätze Bubers aber nicht zu groß wird, abschließend ein Rätselwort aus dem Zusammenhang seiner Definition des *Du*, das uns weiter bewegen mag:

«So lange der Himmel des Du über mir ausgespannt ist, kauern die Winde der Ursächlichkeit an meinen Fersen, und der Wirbel des Verhängnisses gerinnt.»[70]

Mit dieser Abgrenzung des Themas Sympathie von dem der Liebe haben wir den entscheidenden Schritt vollzogen, um uns nun dem Phänomen Sympathie zuzuwenden – das, wie wir sehen werden, deutlich jünger als die Liebe ist.

Das Phänomen Sympathie, historisch und in anthroposophischer Beleuchtung

Im *Deutschen Wörterbuch* von Jacob und Wilhelm Grimm finden sich zwei ausführliche Artikel zum Thema Sympathie. Der erste unter dem Stichwort «sympathetisch», der zweite schlicht unter «Sympathie».[71] Beide zusammen ergeben ein differenziertes Bild der Entstehung und des sich wandelnden Gebrauches des Wortes im Deutschen, den ich hier als Entwicklungsgeschichte skizzieren will.

Für *sympathetisch*, ein «im späten 17. jh. auftretendes lehnwort» ebenso wie für *Sympathie*, «seit der zweiten hälfte des 16. jh. bezeugtes lehnwort aus dem lat. *sympathia*» wird als Ursprung ein esoterischer Kontext angegeben. *Sympathetisch*: «wahrscheinlich einem im naturmystisch-alchymistischen schrifttum verwendeten neulat./spätgriech. *sympatheticus/cos* ‹mitempfindend, in innerer beziehung stehend› entnommen.»

Sympathie: «in der Sphäre naturmystischer vorstellungen von einer geheimen physischen oder physiologischen verbindung zwischen körpern anorganischer oder organischer natur.»

Die Quelle des Begriffes liegt also in der frühen Neuzeit. Er geht aus der Protowissenschaft Alchemie hervor. Mit einem Zitat aus dem Jahr 1716 belegen die Brüder Grimm, dass durch diese wohl von Anfang an ein polarer Prozess untersucht wurde: «‹*sympathie* und *antipathie* in der natur (die verborgene), da etwas mit einem andern entweder übereinstimmend oder widerlich ist›, Ludwig 1716.» Die Alchemie fasst Sympathie und Antipathie also als – wenn auch im Verborgenen wirkende – Naturkräfte auf und fixiert die Charakteristika *Übereinstimmung* und *Abstoßung*.

Der geheimwissenschaftlich etablierte Begriff der Sympathie erfährt nun in den Salons der Aufklärung eine Popularisierung als Mode- und Zeitgeistbegriff, während der Begriff der Antipathie in die «widerlichen» Gossen der Verdrängung hinabstürzt und sein Dasein dort so kärglich fristet, dass er dem grimmschen Wörterbuch nicht einmal einen Eintrag wert ist.

«Im zweiten viertel des 18. jh. tritt die bedeutung ‹geistig-seelisch mitempfindend, mitfühlend›, ‹in geheimer innerer wechselbeziehung stehend› zutage, in der *sympathetisch* ein typisches modewort der empfindsamkeitsperiode wird und bis in das frühe 19. jh. hinein üblich bleibt.» Urheber dieser Neuwertung ist «wohl nach engl. vorbild (*sympathetic*)» Christoph Martin Wieland, der das Wort «zu allgemeiner geltung gebracht» und sich dessen scheinbar nicht wenig zu rühmen bemüht war. Zahllose Verwendungen bei ihm, Schiller, Goethe,

Novalis und anderen finden sich im grimmschen Wörterbuch. Der Begriff scheint die Epoche elektrisiert zu haben. Wodurch?

Es ist jetzt nicht mehr von Natur, sondern stets «von seelischen empfindungen, trieben, kräften und beziehungen, durch die menschen sich einem andern (oder mehreren) unerklärbar und geheimnisvoll verbunden» fühlen, die Rede. Sympathie als explizit *seelische* Grundkraft wird von Interesse. Zwar schwingt, besonders im «Sympathetisieren», noch ein wenig der alte Zauber unerklärbarer Naturkraft nach. Aber eben dass hier Unerklärbarkeit als Mysterium erfahren wird, zeigt auf, wie sehr mit der Psychologisierung des Begriffes die Pforten des eigentlichen Mysteriums verschlossen werden. Die Sympathie geht ihres Zusammenhanges mit dem Makrokosmos verlustig. Sie wird «innerlich», und dadurch faszinierend, «unerklärbar und geheimnisvoll», gleichsam ein Zaubermittel nun der zwischenmenschlichen Anziehung.

Aber die Zeit des «sympathetischen» Pathos geht vorüber, ohne dass eine genaue Verortung der Seelenkraft Sympathie gelingt. «gefühl des wohlgefallens, der vorliebe oder neigung» kann Sympathie laut dem grimmschen Wörterbuch ebenso sein wie «in allgemeiner verwendung sowohl das gefühl inneren zusammenhangs, seelischer verbundenheit, teilnahme an den empfindungen anderer als auch für den zustand einer solchen übereinstimmung im gebrauch». Wir hören darin deutlich auch Wirkungsweisen der Empathie mitschwingen. Explizit scheint diese angesprochen, wenn Sympathie definiert wird als ‹eines andern noth und elend mit gleicher gemüthsbewegung als ob es seine eigene wäre, tragen›, Gladow 1727».

Eine ganz andere, wirkungsträchtige Verwendung des Begriffes Sympathie geht mit frühpsychologischen, den sogenannten «mesmeristischen» Versuchen einher. Friedrich Hufeland, sachsen-weimarischer «Hofmedicus», schreibt 1811 eine Abhandlung «Über Sympathie». Darin wird diese als «magnetische» Kraft zwischen Menschen aufgefasst, die in Heilungsabsicht eingesetzt werden kann. Hufeland schreibt: «Denn nirgends offenbart sich das Verhältnis, welches wir Sympathie nennen, oder die Abhängigkeit des individuellen Lebens, von einer fremden Lebenssphäre deutlicher, als in dem thierischen Magnetismus, durch welchen das magnetisirte Subjekt seine eigene Individualität, soweit es ohne Verlust seiner Existenz geschehen kann, aufopfernd, und in die Lebenspäre des Magnetiseurs eintretend, der Herrschaft derselben in dem Grade unterworfen wird, dass es ihm gleichsam als Theil anzugehören, mit ihm ein und denselben Organismus zu bilden scheint.»[72] Bei den vor diesem Hintergrund unternommenen Heilexperimenten wird Sympathie also erstmals als von Menschen absichtsvoll einsetzbare psychische Energie betrachtet.

Von diesem Verständnis der Sympathie aus gründen sich mannigfache Ansätze, bejahende Kräfte zu heilenden Zwecken einzusetzen. Aus jüngerer Zeit und in anthroposophischer Beleuchtung sei Henning Köhler zitiert: «Die Zukunftsaufgabe für den pädagogischen und im weitesten Sinne sozial-zwischenmenschlichen Bereich besteht nun darin, sympathische Hingeneigtheit mit gesteigerter (nicht bewertender, taxierender, kategorisierender, einordnender) Aufmerksamkeit zu verbinden, damit sich der bewertende Blick in den werterkennenden verwandle und der Widerspruch zwischen Erkenntnis und Liebe in einer höheren Form des Interesses aufgehoben sei».[73]

Wir erkennen hinter Köhlers Gedanken das uns bereits bekannte liebe- und hassfreie Betrachten eines Menschen und wissen daher, dass die «höhere Form des Interesses», von der er spricht und in der er den «Widerspruch zwischen Erkenntnis und Liebe» aufgehoben sieht, Empathie heißt.

Hiermit treten wir in den anthroposophischen Definitionsbereich der Sympathie ein. Rudolf Steiner macht bei seiner Wiederverwendung der Begriffe Sympathie und Antipathie in den Vorträgen zur Allgemeinen Menschenkunde die Einengung des Phänomens Sympathie auf rein seelische, mikrokosmische Vorgänge rückgängig. Er sagt: «Wir entwickeln, indem wir in diese (die physische Welt) herunterversetzt werden, gegen alles, was geistig ist, Antipathie, sodass wir die geistige vorgeburtliche Realität zurückstrahlen in einer uns unbewussten Antipathie. (...) Und mit demjenigen, was als Willensrealität nach dem Tode hinausstrahlt zu unserem Dasein, verbinden wir uns in Sympathie.»[74] Bei Rudolf Steiner greifen Sympathie und Antipathie also in den karmisch-makrokosmischen Raum aus und wirken im menschenkundlichen Beschreibungsansatz – wir sind schon früher darauf gestoßen – stets *unbewusst*. Antipathie bewirkt nach Steiner, dass wir, inkarniert, der Welt als Vorstellungsbild im Denken begegnen.

Sympathie hingegen, wir haben es bereits gehört, «verwandelt uns das Seelenleben in das, was wir als unseren Tatwillen kennen ...». Nicht nur für die angehenden Waldorflehrer, denen Rudolf Steiner die Vorträge zur Allgemeinen Menschenkunde gehalten hat, ist von Belang, wie er die *pädagogische* Wirksamkeit von Sympathie und Antipathie verortet: «Durch das, was wir im Seminar versuchten, werden Sie nur ein guter Erzieher für das Vorstellungsleben des Kindes. Für sein Willensleben werden Sie ein guter Erzieher, wenn Sie versuchen, jeden einzelnen mit Sympathie, mit wirklicher Sympathie zu umgeben. Diese Dinge gehören auch zum Erziehen: Antipathie, die uns befähigt zum Begreifen – Sympathie, die uns befähigt zum Lieben».[75] Was «Lieben» in pädagogischer Hinsicht bedeutet – was es Steiner damals bedeutete und was es heute, nach dem «Tod des pädagogischen Eros» bedeutet –, ist von mir an anderer Stelle behandelt worden.[76]

Die Schule der Neugier

Ausnahmslos wendet sich der Blick des Neugierigen von allem Bekannten ab: Was er kennt, das wird ihm sofort farblos, und aus dem öden Nebel des Alltags leuchten ihm nur einige winzige, grellfarbig-sensationell erscheinende Punkte. Deren doch gänzlich unbekannter Wert besteht ihm allein in ihrer Frische: der ultimativen Unbekanntheit, die auf ihren Erst-Eroberer wartet. Ist das Grund genug, dem «Verlangen, etwas Neues zu machen oder kennenzulernen» (Duden: *Etymologie*) das hässliche Wort «Gier» im Namen aufzubürden? Auch andere Wörter aus seinem Umfeld tönen entsprechend negativ besetzt: Wir sprechen von Wiss*begierigkeit*, von Sensations*lüsternheit*, bestenfalls von Wissens*durst*. Das grimmsche Wörterbuch zitiert Simrock: «der neugierigen gilde / führt böses im schilde».[77] Und doch benutzt auch Rudolf Steiner eine Abwandlung des Wortes im Morgenspruch für die Klassen eins bis vier, wo der Wunsch laut wird, der Sprecher möge «arbeitsam und *lernbegierig*» sein können. Es fällt nicht schwer, Neugier als negativ zu erleben, wenn die Klatschpresse besoffen johlend ihre Triumphe der sozialen Hässlichkeit ausbreitet. Was aber ist an unserem Lernen-Wollen, am Neu-werden-Wollen schlechthin «gierig»?

Einen subtilen Schlüssel zu dieser Frage liefert ein Gedicht von Friedrich Hölderlin, «Der Mensch» überschrieben. Es geht der Frage nach, was spezifisch *menschlich* ist und ob das Menschliche *naturgemäß* sein kann. In seinen poetischen Bildern entdeckt es den Affront, der darin besteht, «ein Besseres zu suchen». Hölderlin beginnt mit der Schilderung, wie am dritten Schöpfungstag inmitten frisch entstandener Berge und Wälder zwei

Urmächten der Natur, der Mutter Erde und dem Vater
Sonne, ein Kind geboren wurde:

«und bald ist er groß; ihn scheun
    Die Tiere, denn ein anderer ist, wie sie,
        Der Mensch; nicht dir (der Mutter Erde) und nicht
                                                    dem Vater
            Gleicht er, denn kühn ist in ihm und einzig

Des Vaters hohe Seele mit deiner Lust,
    O Erd'! und deiner Trauer von je vereint;
        Der Göttermutter, der Natur, der
            Allesumfassenden möcht' er gleichen!

Ach! darum treibt ihn, Erde! vom Herzen dir
    Sein Übermut, und deine Geschenke sind
        Umsonst und deine zarten Bande;
            Sucht er ein Besseres doch, der Wilde!

Von seines Ufers duftender Wiese muss
    Ins blütenlose Wasser hinaus der Mensch,
        Und glänzt auch, wie die Sternennacht, von
            Goldenen Früchten sein Hain ...»[78]

Warum muss dieses Kind, das doch des Vaters «hohe
Seele» mit der mütterlicherseits ererbten «Lust ...
und Trauer» verbindet und so sehr der Natur «gleichen» möchte, ins «blütenlose Wasser hinaus»? Wie
reich auch immer sein «Hain» «von goldenen Früchten
glänzt»? Nun, ein erstes Anzeichen war, dass die Tiere

ihn scheuen, verspürend, was auch der Mensch ihnen gegenüber verspürt, nämlich, dass er «ein anderer ist». Eine andere Form von *Wildheit* ist in ihm – anders als die, mit der er die nicht gezähmten Tiere benennt. Die «wilden» Tiere leben unabhängig vom menschlichen Willen. Und er? Ist er unabhängig von der Natur? Wohl kaum. Hölderlin sagt es genau: Sein «Übermut» treibt ihn aus den Armen der Eltern, genauer, von der Mutter «Herz». Nicht die Gaben, mit denen die Natur ihn ausstattete, und nicht die von ihr vorgelebte Zartheit kann dieses Zuviel an Mut, das den Menschen aus der Naturverbundenheit ausschließt, versöhnen: Er sucht «ein Besseres!» Also etwas, das es im ganzen Weltkreis noch nicht gibt.

So begründet Hölderlin das Skandalöse in des Menschen «Gier» nach Neuem: Sein Wissensdurst trinkt den Becher der Erkenntnis nicht nur leer – er wirft ihn fort, weil er ihm zu klein ist. Sein Drang, sich die Welt lernend und erfahrend zu erobern, muss besiegen und unterwerfen, was doch «allesumfassend» sein sollte, selbst nach des Menschen eigenem Wunsch.

Neugier, mit ihrem herrlichen Übermut und ihrer den Menschen zutiefst auszeichnenden Wissbegierde, erweist sich dergestalt als eine Schule der seelischen Grundkraft Sympathie. Es liegt an uns, das, was uns in ihr zu Menschen macht, wieder mit den Eigengesetzen der Natur in Einklang zu bringen – unserer eigenen inneren Natur ebenso wie dem, was wir uns angewöhnt haben, unsere «Umwelt» zu nennen.

Die Suche nach dem Besseren sollten wir dabei

niemals außer Kraft setzen. Denn man könnte die Schule der Neugier auch eine «Akademie des Leidens am Bestehenden» nennen. Solange Menschenwerke dem Menschen zeigen, wie weit er von sich entfernt ist, bleibt die Aufgabe des Menschen nicht Natürlichkeit, sondern *Menschlichkeit*. Denn dem Menschen als einzigem beseelten Wesen gelingt es weder durch natürliche Entwicklung noch durch Erziehung, zuverlässig *menschlich* zu werden. Bei Tieren kämen wir nicht auf die Idee, der Kuh das Problem anzulasten, sie sei nicht «kuhig» genug; oder der Löwe nicht ausreichend «löwig». Die Sprache zeigt das exquisite Problem des Menschen deutlich. Ab wann ist ein Mensch *menschlich?* Ohne seine Neugier, die *lernbegierig* das Bessere sucht, wird er das Problem seiner natürlichen Sonderrolle nicht lösen können.

Lust und Unlust oder: Die Schule der Motivation

Weder die mittelalterliche Todsünde gleichen Namens noch der gegenwärtig am penetrantesten hervortretende Aspekt von Lust, der *Hedonismus*, dem die Konsumgesellschaft in verzweifelter Hemmungslosigkeit frönt, soll in dieser Skizze thematisiert werden. Wir wollen Lust zusammen mit ihrem stetigen Widergänger, der Unlust, vielmehr als eine Schule der Motivation ansehen. Was motiviert uns, auch unter Bedingungen massiver Unlust positiv zu handeln? Wie trägt uns Lust weiter als nur bis zur nächsten Shopping-Meile?

In der Spannung zwischen Lust und Unlust befinden sich menschlich beseelte Wesen täglich, ja minütlich. Wenn ich mich auf die Frage, worauf ich *jetzt gerade* Lust habe, wirklich nachhaltig einlasse, mache ich mich auf den sichersten Weg, jede Chance auf Befriedigung zu vertun: Zu wechselhaft-vielgestaltig, zu chimärenhaft, zu flüchtig ist das lockende Reich der Lüste. Und wenn ich wirklich einmal ganz sicher weiß, worauf ich jetzt genau Lust habe, ist schon der erste Moment, in dem ich versuche, meine Lust von der Vorstellung und Vorfreude, also meiner Phantasie, in die nüchterne Realität zu bringen, eine gefährliche Klippe. Hinter ihr lauert ein Abgrund. Er heißt: Frustration.

Was will Lust eigentlich erreichen? Keine Befriedigung! Befriedigung ist das Ende jeder Lust – genauso wie Frustration. Befriedigung und Frustration sind viel näher miteinander verwandt, als uns lieb ist: Zwei missgünstige Geschwister, die nie genau wissen, was wem gehört.

Was Lust eigentlich will ist: Genuss. *Dieser* kann von Dauer sein. Voraussetzung: Er darf nicht in *materiellen* Prozessen bestehen. Dann unterliegt er dem Verfallsdatum der Befriedigungsfrustration, das immer schon vor dem Beginn des Versuches liegt, sich Lust *einzuverleiben*.

Wir begegnen hier einem Aspekt des steinerschen Grundgesetzes der Sympathie: Sie «verwandelt unser Seelenleben in den Tatwillen». Die Doppelung von *Tat* und *Willen* fällt ins Auge. Tatwillen? Genuss kann nur Genuss an der Tat selber sein, oder genauer, an der Umsetzung meines Willens in die Tat. Tatsächlich ist, was wir schlicht Freude nennen, genau dieses Erleben: Ich tue etwas, das mir den Genuss bereitet, es zu tun. Und mir später die bleibende Befriedigung verschafft, es getan zu haben.

Leider gebrauchen wir an dieser Stelle heute oft das Wort «Spaß». Spaß ist eine Kategorie der Ausgelassenheit, die schon fast ohne Willen auskommt. Tatsächlich ist Spaß oft etwas, das willensmäßig betrachtet ziemlich problematisch ist, weil sehr viele an Späßen Beteiligte es *gegen* ihren Willen sind. Eine tiefere Problematisierung dieses Umstandes unterlasse ich hier aber, denn ein Spaßverderber will ich nicht sein. Ich rate jedoch dringend an, niemals zu versuchen, bei der Umsetzung von Willen in Taten «Spaß» haben zu wollen. Denn Spaß ist seinem inneren Wesen nach ein eher schüchterner Geselle: Wenn man ihn allzu direkt ansteuert, verzieht er sich. Wenn er aber spontan, ungeplant und unerwartet dabei ist, dann «macht er Spaß».

In der Schule der Motivation arbeiten wir mit Lust *und* Unlust, *um* unseren Willen *wach* zu halten. Deswegen sind auch beide Geschwister gleich notwendig; wir *müssen* beide erleben. Frustrationstoleranz ist für die Persönlichkeitsentwicklung sogar wertvoller als jede wie auch immer geartete Weise von Lust. Erst der Wechsel von Lust und Unlust hält meine Motivation hoch. Warum?

In Motivationen spanne ich mich hin zu einem Ziel.

Auf dem Weg zu ihm erlebe ich Lust und Unlust. Wenn ich es erreichen sollte, weiß ich: Den *Weg* kann mir nun niemand mehr nehmen. Und von meinem Ziel aus sehe ich: ein neues. Wenn ich mein Ziel verfehle, weiß ich: Diesen Fehler *muss* ich nun nicht noch einmal machen. Und sehe: meine eigene Entwicklung als Ziel.

Die Schule des Vertrauens, früher: Schule des Mutes

In den alten Zeiten, als – wie man den Beginn des Froschkönigs ironisch abwandeln könnte – das Verwünschen noch geholfen hat, war Mut eine Schule der Sympathie. Mut ließ Menschen für Ideale eintreten; aber mit demselben Mut traten sie auch für falsche Ideale ein. In Deutschland muss man diesen Umstand nicht erläutern. Mut ist seither – so wichtig und hilfreich er im Einzelnen wirkt – keine soziale Tugend mehr. Mut ist missbrauchbar; vielleicht ist er selber der Missbrauch, der darin besteht, sich nur in puncto Überlegenheit, nicht aber in puncto Mitmenschlichkeit steigern zu wollen. Eine soziale Tugend für das Heute muss klüger sein. Und, so widersprüchlich das kling: mutiger!

Die neue soziale Tugend, die aus dem Humus des Mutes heraus zu wachsen beginnt heißt: Vertrauen.

Zum Vertrauen brauche ich Mut. Die Mut-Qualität des Vertrauens besteht darin, dass Vertrauen keine Beweise oder Absicherungen fordert, sondern einen Vorschuss bildet. Das ist auch das Entscheidende am Vertrauens-Mut: Er öffnet durch seinen Vorschuss einen mit klopfendem Herzen betretbaren sozialen Raum. Wenn der Vertrauens-Mut fehlt, verwandelt sich dieser Raum in einen Käfig aus Angst, in dem Über-Abgesicherte an ihren neurotischen Fixierungen auf das Abwegigste verzweifeln. Die menschenkundliche Feststellung, dass Sympathie Zukunft bildet, kann an der Sympathie-Schule namens Vertrauen direkt abgelesen werden.

Vertrauen ist eine sympathie-typisch einseitige Handlung, da es vom Vertrauenden ohne Rückversicherung oder geteilte Verantwortung gebildet werden muss. Zwar kann sich Vertrauen, wenn es *gegenseitig* wird, eminent vertiefen. Gebildet werden muss es dennoch jeweils im Einzelnen, der sein Vertrauen schenkt und seiner Angst, seiner Sorge – und seinem *Misstrauen* widersteht.

Was über die soziale Dimension des Vertrauens gesagt wurde, gilt auch im Persönlichen. Dort erwirbt sich das *Selbst-Vertrauen* auf den gleichen Wegen Zukunft-eröffnende Räume. Fest steht allerdings, dass Selbst-Vertrauen nur entwickeln kann, wer wiederum einen großen Vorschuss an Vertrauen von anderen erfahren hat.

Sowohl in der Schule als auch bei der Aufnahme von Flüchtlingen in unser überreiches Land erleben wir heute – und werden es daran noch drastischer lernen –, dass erst der Weg des Vertrauens Zukunft ermöglicht.

Die wunderbare Welt der
dreigliedrigen Seelenkunde

Systematik der dreigliedrigen menschenkundlichen Seelenbetrachtung

Antipathie verwandelt unser fühlendes Erfassen der Welt in das in Bildern ablaufende Vorstellen. Sie konstituiert den Bewusstseinsstrom und bildet grundlegend mit an dem, was wir landläufig unsere Gedanken nennen.

Sympathie legt in Erlebnissen Keime für zukünftige Inkarnationen. Sie spinnt das Band des Schicksals, das aus unseren Taten gewoben ist. Sie bewirkt die Entfaltung des Ich in die sogenannte Wirklichkeit. Unsere Taten verbinden uns mit der Welt, weben uns in diese und sie in uns ein. Sympathie bewirkt zudem den stetig-unaufhaltsamen *Wandel* der Gefühle, indem sie diese ins Morgen hinüberspannt.

Empathie bildet die Quelle des Fühlens. Sie gibt uns die Fähigkeit, in Gefühlen mitzuschwingen, zu spiegeln, mitzuklingen: im Tanz der Gefühle unseren Part zu vertreten. Gefühle wohnen in allen Menschen, ob sie alleine sind oder mit jemandem zusammen. Gefühle sind allen Menschen gemeinsam, von keiner Herkunft bedingt und weder durch Taten noch durch Gedanken einschränkbar. Gefühle spannen sich *zwischen* Menschen auf und finden sich in keinem einzelnen ohne den Zusammenhang mit anderen.

Das ist die Ebene der Prozesse, in denen die drei seelischen Grundkräfte bestehen. Diese sind zudem in signifikanter Weise dem Zeitstrom eingegliedert.

Empathie bildet in der Seele den Ort der *Gegenwart*. Denn sie macht das Ich präsent und *zeitigt* unsere Biografie. Sie lässt uns mit dem Zeitgeist schwingen, uns ihm anschmiegen oder von ihm abstoßen. Empathie stellt uns in die zwischenmenschliche Gegenwart hinein. Sie öffnet uns den *Weg durch das Du*. Wir werden ihn zum Abschluss dieses Textes näher vorstellen.

Sympathie bildet den präexistenten Raum der *Zukunft* in unserer Seele. In unseren Trieben, Wünschen, Motivationen und Vorsätzen beschreitet sie unaufhaltsam den *Weg des Werdens,* auf dem sie Willen zu Taten gerinnen lässt.[79]

Antipathie verbindet im Erinnern und Assoziieren das präsente Ich mit seinem Geworden-Sein, also der *Vergangenheit*. Dergestalt bindet Antipathie das Ego an die Gegenwart und erzeugt Widerstände gegen das Sein und gegen das Werden in uns. Das bedeutet konkret: Antipathie hält uns vor der Verbindung mit Welt zurück und erschafft uns Konflikte. Sie bildet die *Stufen* auf dem Weg der Taten, den wir unsere Biografie nennen. Ohne Antipathie keine Wände, die uns verzweifelt am Weiterkommen hindern; aber auch keine Türen, durch die wir in ein neues Land treten könnten. Diese Türen nennen wir gemeinhin: unsere *Gedanken*.

Damit ist die zeitliche Ebene der drei seelischen Grundkräfte beschrieben. Ich nenne abschließend ihre «Ziele», also das, was sie, indem sie an uns arbeiten, herausbilden.

Antipathie öffnet den seelischen Raum für unser Denken. Wenn es uns gelingt, denkend, vielleicht sogar erkennend, statt der Stärkung des Ego dessen Auflösung zu erarbeiten, kann Antipathie dem Individuum *Selbstlosigkeit* ermöglichen.

Sympathie gestaltet den seelischen Bewegungsraum unseres Willens; wenn wir uns von ihr nicht in Scheinwelten und Ersatzbefriedigungen treiben lassen, kann sie uns *Lebenslust* geben.

Empathie erhellt den Atemraum unseres Fühlens, der manchen als Himmel, manchen als nichtige Luft erscheint. Ihr Licht macht uns das Du ansichtig und bildet im Schwingen mit ihm unsere *Menschlichkeit* heraus. Wenn aber ihr Licht versiegt und ihr Himmel unsichtbar bleibt, wenn uns also Empathie in grundlegender Weise fehlt, dann entsteht unser Schwunglosestes: unsere *Unmenschlichkeit.*

Auf diesen Wegen bilden die drei seelischen Grundkräfte die wunderbare Welt der menschenkundlich basierten dreigliedrigen Seelenlehre. So schön diese ist – wir werden im Anschluss Näheres von ihr erfahren – an dieser Stelle wird ein Einspruch nötig:

Ich misstraue allem Systematischen. Nicht in Bezug auf seine Suggestionskraft, aber in Bezug auf seinen möglichen Wahrheitsgehalt. Die Suche nach Wahrheit erscheint mir als ein Auswerfen von Netzen – das beste Netz garantiert nicht den besten Fang. Wenn ich hier dennoch meinen Skizzen einen Abriss der sich mir dreigliedrig darstellenden Seelenkunde beigebe, so geschieht dies ausdrücklich unter dem Vorbehalt, mit einem allzu sicher scheinenden, in Bezug auf seinen Gewinn unzuverlässigen Netz zu arbeiten.

In der gelebten Welt wirken die drei seelischen Grundkräfte nie allein, sondern stets gemeinsam, spezifisch
und wechselseitig sich durchdringend in konkreten
Menschen und ihren konkreten Unternehmungen. Wir
wollen abschließend drei Beispiele untersuchen, an denen sich dies plastisch verdeutlichen lässt. Das letzte
berichtet von der Lebenskunst-Selbstreflexion Goethes,
das mittlere von einem Versuch, Empathie in der Wal-
dorfschule zu unterrichten, an dem ich selbst beteiligt war. Wir beginnen mit einem Beispiel der aktuell
vielleicht wirkungsmächtigsten Empathie-Arbeit, in
der Empathie fast ohne theoretische Grundannahmen
schlicht *Praxis* wird. Oder anders gesagt: eng mit sympathisch motivierten Taten zusammenarbeitet.

Gewaltfreie Kommunikation als Praxis
der Empathie

Die «Gewaltfreie Kommunikation» (GFK), entwickelt
und vorgetragen von Marshall B. Rosenberg, einem ame-
rikanischen Psychologen und zeitlebens weltweit tätigen
Konfliktmediator, «beinhaltet nichts Neues; alles was in
die GFK integriert wurde, ist schon seit Jahrhunderten
bekannt.»[80] Entstehung und Intention seiner Methode
beschreibt Rosenberg folgendermaßen: «Als ich mich mit
den Umständen beschäftigte, die unsere Fähigkeit beein-
flussen, einfühlsam zu bleiben, war ich erstaunt über die

entscheidende Rolle der Sprache und des Gebrauchs von Wörtern. Seitdem habe ich einen spezifischen Zugang zur Kommunikation entdeckt – zum Sprechen und Zuhören –, der uns dazu führt, von Herzen zu geben, indem wir mit uns selbst und mit anderen auf eine Weise in Kontakt kommen, die unser natürliches Einfühlungsvermögen zum Ausdruck bringt.»[81]

Rosenberg etabliert ein vierstufiges Kommunikationsmodell, das dem Ziel dienen soll, «unsere Lebensqualität zu verbessern» – unsere eigene und die unserer Kommunikationspartner. Dieses Modell sei hier kurz umrissen. Da die Dimension der GFK nur in ihrer Praxis ermessbar ist, stellt es aber nicht mehr als das Skelett dar, welches erst mit echten Begegnungen gefüllt lebendig werden kann.

1. *Beobachtungen* statt Bewertungen werden artikuliert – eine Übung von gravierender Schwierigkeit, wenn einem bewusst wird, wie durchsetzt von moralischen Urteilen, abwertenden Vergleichen und geleugneter Selbstverantwortung unsere spontane Selbstartikulation ist.

2. *Gefühle* werden wahrgenommen, anerkannt und offen ausgesprochen, statt sie zu unterdrücken oder zu verbergen; ein der Formulierung von Gefühlen dienlicher Wortschatz wird geübt.

3. Die hinter den Gefühlen stehenden *Bedürfnisse* werden ausgesprochen und anerkannt; die Verantwortung für ihre Konsequenzen wird übernommen.

4. *Bitten* statt Forderungen werden ausgesprochen.

Die vier Stufen des Prozesses sollen in der angegebenen Reihenfolge aufeinander fußen.

Die Umsetzung dieses Modells erwies sich als dem Ziel friedlichen Umgangs der Menschen miteinander ungemein förderlich, im Alltag, aber ebenso im harten Konflikt verfeindeter Gruppen.

Bei der Gewaltfreien Kommunikation haben wir es mit einem psychologischen Schulungsweg zu tun, der seinen Angelpunkt im Ausrichten des Bewusstseins auf die Sprache als Handlung hat. Im Bemerken dessen, was wir mit unserem Sprechen *tun*, zeigt sie dem Übenden erhebliche Entwicklungsmöglichkeiten auf.

Rosenberg geht vom Vorhandensein eines «natürlichen Einfühlungsvermögens» aus (s.o.). Das scheint mir insofern wesentlich, als es herausstellt, dass wir es bei der Empathie nicht mit etwas zu tun haben, was erst mühsam hergestellt werden muss, sondern tatsächlich mit einem menschlichen Grundbedürfnis und einer Grundfähigkeit. Empathie ist so sehr Grundlage unseres Alltags, dass erst ihr Fehlen uns auf sie aufmerksam macht. Sie bewusst wahrzunehmen oder gar mit ihr umzugehen, sind wir gerade eben erst im Begriff. Das lässt sich auch deutlich an der Entstehungsgeschichte des Wortes Empathie ablesen.

In der Gewaltfreien Kommunikation wird Empathie einfach als gegeben betrachtet und praktiziert. Besonders ins Auge fallen aber die Formulierungen «Empathie geben» und «sich selbst Empathie geben». Rosenberg definiert: «Empathie bedeutet ein respektvolles Verstehen der Erfahrungen anderer Menschen.»[82] Und: «Empathie tritt im Kontakt mit anderen Menschen nur dann auf, wenn wir alle vorgefassten Meinungen und Urteile über sie abgelegt haben.» Ihre wesentliche Qualität benennt er als «Präsenz», die allerdings nicht leicht zu erreichen und aufrechtzuerhalten sei. Präsenz bedeutet ihm, in Kontakt mit den Gefühlen und Bedürfnissen des anderen zu kommen, diese an- und aufzunehmen, ohne sie verbal zu kommentieren oder überhaupt zu bewerten. «Intellektuelles Erfassen eines menschlichen Problems blockiert genau die Art der Präsenz, die wir für die Empathie brauchen (...) Die wichtigste Zutat zur Empathie ist Präsenz: Wir sind ganz da für den anderen und seine Erfahrung. Diese Qualität der Präsenz unterscheidet Empathie von vernunftmäßigem Verstehen und auch von Mitleid. Auch wenn wir uns manchmal dafür entscheiden, Mitleid zu haben, indem wir das *fühlen*, was die anderen fühlen, sollten wir uns bewusst machen, dass wir in dem Moment des Mitleidens keine Empathie geben.»[83]

Hier wird die Besonderheit der Empathie-Technik Rosenbergs greifbar. In dem Vorgang «Empathie geben» wird das Aufnehmen der Seelenregungen des Kommunikationspartners, die Präsenz für seine Bedürfnisse entscheidend. Die Fähigkeit, seelisch ganz Ohr zu werden, kann hier wachsen; sie will geübt, will *praktiziert* sein. Inwiefern Präsenz ein wesentliches Merkmal der Empathie ist, haben wir im Kapitel über die Systematik der dreigliedrigen Seelenkunde gesehen.

Auch der Kontakt zu den eigenen Gefühlen kann und darf auf dieselbe Art und Weise kultiviert werden, denn: «Um Empathie geben zu können, brauchen wir selbst Empathie.»[84] «In schmerzlichen Situationen rate ich Ihnen, sich zuerst selbst mit der notwendigen Einfühlsamkeit zu versorgen, die man braucht, um über die Gedankenmuster hinauszugehen und die tieferen Bedürfnisse zu erkennen.»[85]

Präsenz als Technik, Einfühlung als Tat des Kontakt-Aufnehmens, so könnte der von Rosenberg initiierte Umgang mit der Empathie zusammengefasst werden. Es ist unübersehbar, dass damit eine bedeutende Bewegung im sozialen Raum in Gang gesetzt wird. Die Gewaltfreie Kommunikation zeigt, dass Empathie eine Seelenkraft ist, deren Ausbildung heute lebensnotwendig ist.

Empathie in der Schule – Kann man sie lehren?

Im Sommer 2013 wurde ich durch die Lektüre eines Artikels im *Spiegel* ermutigt, den Versuch zu unternehmen, die Arbeit mit Empathie in meiner zweiten Klasse auszuprobieren.[86] Der Artikel berichtete von einem Empathie-Training, das die kanadische Volksschullehrerin Mary Gordon mit Hilfe von Kleinkindern und ihren Müttern durchführte. Die Anwesenheit der noch nicht zur verbalen Kommunikation fähigen Kleinkinder sollte die Schulkinder aufmerksam machen auf die Körpersprache, in der diese ihre Gefühle artikulieren –

so wie sie selber es auch noch tun, obwohl sie bereits sprechen können! Darüber hinaus «sollten Kinder die Verletzlichkeit und Hilflosigkeit eines Wesens erfahren, das von der Hilfe einer Bezugsperson abhängig ist. Diese einfühlend gewonnenen Erfahrungen sollten sie daran erinnern, dass sie selber und andere Menschen verletzliche Wesen seien, und sie daher für sich und anderen Menschen Sorge zu tragen haben».[87]

Im Verlauf des ersten Schuljahrs waren zwei Geschwisterkinder geboren worden, deren Mütter sich dankenswerter Weise mit eigener Forscherneugier bereitfanden, an dem Versuch teilzunehmen. Wir beschlossen gemeinsam, dass wir diesen Versuch selbstständig und ohne weitere Anleitung durch die professionell sich anbietende Unterstützung des von Mary Gordon gegründeten, inzwischen auch in Deutschland buchbaren Programms «Roots of Empathie» durchführen wollten. Wir besprachen ein Setting und stürzten uns in die Tat. Aus dieser ergaben sich offensichtliche Verbesserungsnotwendigkeiten – und ein wunderbar offener, sympathisch geprägter Kontakt zwischen den teilnehmenden Erwachsenen, sowie zwischen den Kindern der Klasse und den beiden Geschwisterkindern begann zu entstehen.

Nach etwa drei Monaten hatten wir schließlich für die zweiwöchentlich stattfindenden «Babystunden» (so nannten sie die Schulkinder) eine gültige Form gefunden, die uns in die Lage versetzt, hier knapp einen konkreten Ablauf darzustellen.

Die Bänke wurden im Halbkreis gestellt. Dann

wurden die Regeln der Babystunde vom Lehrer wieder ins Bewusstsein gehoben und die Fragen des Tages erklärt: *Was kann unser Gast-Baby (ein Junge) mit dem Ball schon und was noch nicht? Was macht er und wie geht es ihm, wenn etwas nicht klappt?*

Die der Selbsteinfühlung dienliche Übung, sich auf wechselnde Teile des eigenen Körpers zu konzentrieren und dem Gefühl in Füßen, Händen, Rücken, Kopf nachzuspüren, wurde durchgeführt. Viele Kinder konnten sich gut darauf einlassen (manche auffallend gut); einigen wenigen fiel diese Selbst-Empathie schwer, sie blieben in alterstypischen Formen von Abwehr durch Ablenkung nach außen verfangen (Was machen die anderen? Kommentieren, etc.). Insgesamt konnte eine still eingekehrte, dabei sensible Atmosphäre entstehen.

Die bereits draußen vor der Tür wartenden Gäste wurden nun durch ein Schulkind zum Klang unseres Begrüßungsliedes hereingebeten.

Dieser Vorlauf hatte sich in der Erprobungsphase als zielführend erwiesen. In ihm werden alle drei seelischen Grundgesten durchgespielt: Die Erklärung der Beobachtungsaufgabe, verbunden mit den Regeln, antipathisch wirkend, hemmt eventuell anders lautende Pläne und fordert auf, wach, bewusst, reflektierend zu sein. Die Selbsteinfühlung erfüllt die Aufgabe, empathisch mit sich selbst verbunden und dergestalt präsent zu sein. Das Lied und die Aufnahme der Gäste wirkten als sympathisch verfasste Willensgeste.

Diesem ersten Durchgang durch die Grundkräfte

folgte nun unmittelbar der zweite, in umgekehrter Reihenfolge. Zuerst Tat – Sympathie:

Vor der Stunde waren zwei Kinder bestimmt worden, die nun mit unserem kleinen Gast Ball spielen durften. Die Mutter wurde durch ihr Kind natürlich ebenfalls einbezogen. Das Spiel vollzog sich ohne Worte und unter der fröhlichen Anteilnahme der Spieler und Zuschauer.

Diese Heiterkeit prägte durchgehend die beschriebene Stunde. Der Ball tat, da ihn unser Gastkind noch lange nicht sicher greifen konnte, einiges «aus eigener Initiative». Zum Beispiel fiel er beim Versuch, ihn, den Großen nachtuend, zu werfen, rittlings aus der kleinen Hand; war somit «verschwunden» und wurde verwundert gesucht. Das Lachen der Zuschauer war enorm. Es blieb fast allseits freundlich. Später, in der Auswertungsrunde, war es allerdings hochgradig spannend zu hören, dass die zuschauenden Schulkinder auf das Feinste herausgehört hatten, wo und von wem ausgehend auch ein unfreundlicheres *Verlachen* in die geteilte Freude eingeschlichen war.

Das Spiel wurde nach der verabredeten Zeit beendet. Der zweite, aktionsgeprägte «Sympathie-Durchgang», war, von mitschwingender Empathie begleitet, zum Abschluss gekommen. Nun galt es, in dieser empathischen Stimmung zu bleiben, darin aber die Erlebnisse zu artikulieren und sie sich so ein Stück weit bereits antipathisch bewusst zu machen. Zum Verweilen in der Empathie lud die Regel ein, dass nun jeder der Reihe nach in einer Runde sagen konnte, was er oder sie gesehen hatte. Eine weitere Regel, nämlich nicht zu unterbrechen und nicht zu kommentieren, schützte die Sprecher.

Das Sprechen gelang den Kindern sehr einlassend, auch wenn dabei persönlichkeitstypisch markante Unterschiede im Formulierungs- und Einfühlungsvermögen deutlich hervortraten. Ein großes Thema wurde, dass unser kleiner Gast das Lachen über sein «Unvermögen» mit dem Ball gar nicht als solches bemerkt, sondern sich im Gegenteil über die sich ihm stark mitteilende Attraktivität seiner Handlungen rein gefreut hatte.

Die Mutter gab während der «Runde» bei Nachfragen kurze Erklärungen, inwiefern solches zu Hause gleich oder anders zu beobachten wäre oder wie es noch vor zwei Wochen ganz anders mit dem Ballspielen ihres Kindes vonstatten gegangen sei. Der Lehrer griff nur ein, wenn einzelne Sprecher sich in ausschweifenden «Erklärungen» zu ergehen begannen und damit ihren empathischen Kontakt mit dem Beobachteten zu verlieren drohten.

Nach der Runde verabschiedeten wir unsere Gäste wie gewohnt mit einem weiteren Lied. Nun begann die reflektierende Nachbesprechung der Beobachtungen mit dem Lehrer und damit der empathisch-antipathische Transfer des sympathisch Erlebten. Sie verlief nicht mehr in einer «Runde», sondern wurde durch Melden strukturiert. Der Lehrer beschrieb einleitend, was er selbst beim Ballspiel beobachtet hatte und wie es ihm dabei ergangen war. Er verfolgte damit die Intention, auf bislang unerwähnt gebliebene Besonderheiten hinzuweisen und sie als so erstaunlich darzustellen, dass frische Einstiege für die folgende Besprechung vorhanden waren.

Das Gespräch kam ziemlich schnell von den Beobachtungen zum kleinkindlichen Ballspielen ab und fokussierte sich auf das den Kindern selbst nahe Thema «Wie fühle ich mich, wenn über mich gelacht wird?». Bald wurden eigene Erlebnisse mit dem Ausgelacht-Werden erzählt; erst außerschulische, mit wachsender Angeregtheit dann aber auch solche, die in unserer Klasse stattgefunden hatten. Eine rege Diskussion mit vielen Beispielen und einer äußerst ernsthaften Stimmung kam in Gang. Der Lehrer beteiligte sich an dieser, indem er die emotionale Dimension durch Rückfragen, wie sich der Einzelne wohl in seiner Situation gefühlt habe, regsam erhielt. Bemerkenswert war, wie die Lustigkeit der Begegnung mit dem Gast-Baby sich über die noch recht launige Darstellung der eigenen Befindlichkeit dabei nun in puren kindlich-existenziellen Ernst verkehrte. Die Diskussion fand keinen Abschluss.

Nach vierzig Minuten wurde die «Babystunde» wie geplant beendet. Der antipathische «Ring» einer festen Zeitgestalt war den beteiligten Erwachsenen in den weniger gelungenen Vorläufern dieser Stunde wichtig geworden. In der Nachbesprechung unter den Erwachsenen wurde das Erlebnis der Stunde positiv und bewegend empfunden. Ihr Ergebnis hingegen erschien recht willkürlich und trotz seiner offen liegenden Relevanz als unbefriedigend bearbeitet.

Im weiteren Erproben und Reflektieren der «Babystunden» lernten wir diesen Umstand aber besser zu verstehen. Eine Empathie-Stunde gehorcht nicht nur anderen Gesetzen als jeglicher Unterricht, in dem die bekannten schulischen Fähigkeiten erworben werden. Sie wirkt auch anders nach. Das Gefühl, den Verlauf und das Ziel nicht in der Hand zu haben, diese nicht vorausplanen zu können, erwies sich als typisch.

Wir stellten außerdem fest, dass wir mit diesem Erleben nicht allein waren. Die Erziehungswissenschaftlerin Andrea Plüss begründet, warum. «Dem Thema der Förderung von Empathie und moralischen Gefühlen» (wurde) «in der Moralpädagogik bis hin zum letzten Jahrzehnt wenig Beachtung geschenkt. (...) Sei es, dass man sich lange Zeit auf die Förderung der moralischen Urteilskompetenz konzentriert hat» (also auf den rein kognitiven Aspekt des Themas), «sei es, dass das Wesen der Gefühle schwer zu fassen ist und sich der Erfolg der Gefühlsbildung nicht einfach messen lässt, sei es, dass die Bildung der Gefühle als eine Sache betrachtet wird, um die sich die Schule nicht zu kümmern habe» da «Moral eine Privatsache» sei.[88] Besondere Aufmerksamkeit in unserem Zusammenhang verdient der Aspekt der grundlegenden Skepsis gegenüber der Beeinflussbarkeit von Gefühlen. «Versteht man unter Gefühlen beispielsweise Dinge, die Menschen einfach widerfahren und die sie wie Kopfschmerzen zu erleiden haben, dann kann man auf deren Bildung auch nur geringen Einfluss ausüben. (...) Versteht man unter Gefühlen aber Gebilde, die man auch aktiv gestalten kann und für die man eine gewisse Verantwortung trägt, scheinen dem Bemühen, Gefühle zu bilden, mehrere Wege offen zu stehen.»[89] Interessant, dass Andrea Plüss wie Rudolf Steiner von Gefühlen als von «Gebilden» spricht.

Das «aktive Gestalten» von Gefühlen kann aber niemals authentisch sein, wenn diese dabei vorgeplant oder vernunftgemäß verlaufen sollen. Alle Gefühle, nicht nur die empathischen, werden von Erlebnissen angestoßen und formen ihr Mitschwingen nach deren Kraft, nicht nach Plan.

Die Frage in Bezug auf das Lehren von Empathie lautet also nicht, ob dieses möglich sei. Empathie kann man, ebenso wie jedes andere Gefühl, *nicht beibringen*. Aber man kann mit ihr – anstelle anderer Gefühle – tanzen und kann ihr Raum und damit Bedeutung in der Schule geben. Wer zudem menschenkundliche Werkzeuge in der Hand hat, wird einen mit den drei Grundprozessen atmenden Stundenverlauf daraus formen. Und das sicher auch in ganz anderer Weise, als wir es getan haben.

Den pädagogischen Nutzen mit distanzierter Klarheit zu formulieren überlasse ich noch einmal Andrea Plüss:

«Lehrpersonen können Schülerinnen und Schülern also beibringen, Situationen auf eine bestimmte Art und Weise zu sehen. Sie können sie lehren, ihre eigenen Gefühle zu benennen, die Gefühlsausdrücke anderer Personen korrekt zu interpretieren und mit angemessenen Gefühlen auf bestimmte Situationen zu reagieren. ... Wenn ich weiß, dass mich gewisse Dinge ärgern oder dass bestimmte Handlungen diese oder jene Gefühle in mir auslösen, dann kann ich mich bis zu einem bestimmten Grad entscheiden, das eine oder das andere zu tun.»[90]

153

Goethe lehnt die Forderung der Selbsterkenntnis ab

Im Jahr 1823 veröffentlicht der 74-jährige Goethe einen kleinen Text, der als Essenz seiner biografischen Selbstreflexion und seiner persönlichen Lebenskunst gelesen werden kann. Den Anlass schildert er selber so: «Herr Dr. Heinroth (...) spricht von meinem Wesen und Wirken günstig, ja er bezeichnet meine Verfahrensart als eine eigentümliche: dass nämlich mein Denkvermögen *gegenständlich* tätig sei, womit er aussprechen will, dass mein Denkvermögen sich von den Gegenständen nicht sondere; (...) dass mein Anschauen selbst ein Denken, mein Denken ein Anschauen sei.»[91] Bemerkenswert also, dass es eine Anregung «von außen» ist, die den Vorgang auslöst. Dessen eingedenk überschreibt Goethe den Text, um den es im Folgenden gehen soll: *Bedeutende Fördernis durch ein einziges geistreiches Wort.* Die Tatsache, dass ein Freund sein Denken ein «gegenständliches» genannt hat, und vermutlich auch die Freude darüber, dass er «günstig» von seinem «Wesen und Wirken» lesen konnte, bilden nun den Ausgangspunkt einer Selbsterkenntnis, die den Vorgang Selbsterkenntnis selber vollständig neu begründet.

Wie versteht Goethe Selbsterkenntnis?

«Hiebei bekenn' ich, dass mir von jeher die große und so bedeutend klingende Aufgabe: *erkenne dich selbst,* immer verdächtig vorkam, als eine List geheim verbündeter Priester, die den Menschen durch unerreichbare

Forderungen verwirren und von der Tätigkeit gegen die Außenwelt zu einer innern falschen Beschaulichkeit verleiten wollen. Der Mensch kennt nur sich selbst, insofern er die Welt kennt, die er nur in sich und sich nur in ihr gewahr wird.»[92]

Goethes Kritik an einem auch heute noch gebräuchlichen Verständnis der Selbsterkenntnis ist fundamental: Sie erhebe absichtlich unerreichbare Forderungen und verleite zu falscher Selbstzufriedenheit. Sie verwirre, statt zu klären, und lenke von der «Tätigkeit gegen die Außenwelt» ab. Diese mit hehren Motiven eingeläutete «List», heißt das, verunmöglicht gerade, was sie betrügerisch als Zweck vortäuscht, nämlich die Selbsterkenntnis. Ausgehen würde dieses auf Abwege führende Manöver von «geheim verbündeten Priestern». Goethe, der von Letzterem durch seine Freimaurer-Erfahrungen bekanntlich konkret Kenntnis hatte, geißelt hier die gesamte abendländische, apollinisch verfasste esoterische Tradition als untauglich, ja in massiver Weise irreführend für die Lebensaufgabe der Selbsterkenntnis.

Die delphische Forderung stellt für Goethe keinen gangbaren Weg mehr dar. Er unterstellt ihr, dass sie eine Erkenntnis- und Wahrnehmungs-Grundtatsache falsch versteht:

«Der Mensch kennt nur sich selbst, insofern er die Welt kennt, die er nur in sich und sich nur in ihr gewahr wird.»

Damit sind drei Dinge gesagt:

Erstens: Ohne Weltkenntnis bleibt Selbstbetrachtung nicht nur fruchtlos, Letztere ist ohne Erstere *ausge-*

schlossen. Wer die Welt nicht kennt, dem fehlen sämtliche Anhaltspunkte, um sich selbst zu verstehen. Deshalb ist die «reine» Selbsterkenntnis eine irreführende Forderung.

Zweitens: Wir erleben die Welt nur in uns selbst. Dieser radikal moderne Gedanke überrascht bei Goethe, zeigt aber, wie sehr er Naturwissenschaftler – und eben gerade *kein Esoteriker* war. Dass wir die Welt nur in uns selbst «gewahr» werden, heißt anzuerkennen, dass wir kein unmittelbares Welterleben besitzen, sondern nur vermittels der uns zur Verfügung stehenden Sinne und ihrer Organe in der von diesen definierten Weise Weltkenntnisse erlangen können. In wiefern in diesem Gedanken die Begründung einer *neuen* Spiritualität angelegt wird, werden wir noch sehen. Für den gegenwärtigen Stand der Untersuchung bleibt zusammenzufassen: Selbsterkenntnis kann, um sich in der geforderten Weise mit der Welt ins Benehmen zu setzen, nicht auf die naive Wahrnehmung der Welt als «außerhalb von uns» berufen. Deshalb ist die naive Weltwahrnehmung ein falscher Weg.

Drittens: Wir nehmen uns selbst nicht isoliert, sondern nur als In-der-Welt-Befindliche wahr. Auch das ist eine höchst realistische Betrachtungsweise. Wir haben in unserem Empathie-Kapitel bereits verschiedene Aspekte des menschlichen Beinhaltet-Seins, seiner Paar-, Genien- und Sphären-Koexistenzen dargestellt und uns von der egomorphen Illusion verabschiedet. Ich bin nicht der «ich bin» des Autisten, sondern ich bin stets der *«ich koexistiere mit ...»* Die Forderung nach

Selbsterkenntnis kann, sofern sie auf der Vorstellung der Ich-Vereinzelung beruht, nur in ebenso biederer wie wahrnehmungsmäßig auf dem Holzweg befindlicher «falscher Beschaulichkeit» enden.

Wenn aber die «Forderung geheim verbündeter Priester» dergestalt fatal in die Irre führt, wer hilft uns dann?

Goethe arbeitet mit Sympathie, Empathie und Antipathie

«Am allerfördersamsten aber sind unsere Nebenmenschen, welche den Vorteil haben, uns mit der Welt aus ihrem Standpunkt zu vergleichen und daher nähere Kenntnis von uns zu erlangen, als wir selbst gewinnen mögen. Ich habe daher in reiferen Jahren große Aufmerksamkeit gehegt, in wiefern andere mich wohl erkennen möchten, damit ich in und an ihnen, wie an so viel Spiegeln, über mich selbst und über mein Inneres deutlicher werden könnte.»

«Der Vorteil, uns mit der Welt aus ihrem Standpunkt zu vergleichen» macht die Wahrnehmung, die unsere Nebenmenschen von uns haben, jeder Introspektion himmelweit überlegen. Gerade der andere «Standpunkt» ist es, der am «allerfördersamsten» wirkt. Goethe verlegt damit das Gravitationszentrum der Selbsterkenntnis ins Du. Uns obliegt, seiner lebenserfahrenen Retrospektive nach, auf dem Weg der Selbsterkenntnis vor allem große *Aufmerksamkeit* für andere. Wo wir uns früher, auf dem apollinischen Holzweg, dazu genötigt sehen konnten, uns verzweifelt grübelnd über uns selbst auszusagen, dürfen wir nun schlicht *zuhören*. Wo wir meinten, die Leistung selbst erbringen zu müssen, können wir uns nun genüsslich zurücklehnen und unsere Aufmerksamkeit anderen schenken. Dass dies aber nicht ganz voraussetzungsfrei geschehen kann, fügt Goethe sofort hinzu:

«Widersacher kommen nicht in Betracht, denn mein Dasein ist ihnen verhaßt, sie verwerfen die Zwecke, nach welchen mein Tun gerichtet ist, und die Mittel dazu achten sie für ebensoviel falsches Bestreben. Ich weise sie daher ab und ignoriere sie, denn sie können mich nicht fördern, und das ist's, worauf im Leben alles ankommt; von Freunden aber lass' ich mich eben so gern bedingen als ins Unendliche hinweisen, stets merk' ich auf sie mit reinem Zutrauen zu wahrhafter Erbauung.»

Der von Goethe vorgeschlagene Selbsterkenntnis-Weg führt also nicht über das Ich, sondern über das empathische Du. Das antipathisch gestimmte Du macht sich zur Unterstützung fremder Selbsterkenntnis untauglich, indem es mit Hass und den diesem eignenden Abwertungsvorgängen arbeitet. Der Pragmatiker Goethe erkennt, dass hier nur eigene Antipathie die richtige Antwort ist: «Ich weise sie daher ab und ignoriere sie.» Wir alle wissen, dass das schwer genug ist. Aber: Auch Antipathie ist somit ein unerlässlicher Bestandteil der Lebenskunst.

Die Sympathie des Freundes ermöglicht diesem, einen empathischen Blick zu tun und einen freundlichen «Standpunkt» vorzutragen, der dem Selbsterkenntnis suchenden Goethe wirklich hilft. Goethe selbst muss den fremden Standpunkt ebenfalls sympathisch annehmen: «stets merk ich auf sie» (die Freunde) «mit reinem Zutrauen zu wahrhafter Erbauung». In der Betrachtung der Sympathie haben wir gesehen, wie wichtig die von Goethe angesprochene Fähigkeit des Vertrauens heute ist. Sie erst öffnet endlich das Herz zu «wahrer Erbauung». Das aktiv andere annehmende Individuum gewinnt diese «wahre» Stärkung seiner selbst, wir erinnern uns, im Gegensatz zu priesterverführter «falscher Beschaulichkeit».

Auch mit Empathie gegenüber sich selbst muss der auf dem goetheschen Wege Selbsterkenntnis Suchende arbeiten: Der fremde Standpunkt will der eigenen Selbsteinfühlung angemessen werden; was der Text, den wir gerade betrachten, von dem *einen* Wort des gegenständlichen Denkens ausgehend, vollbringt. Unter der Tarnkappe seiner Widersacher abwehrenden Antipathie kann Goethe dergestalt mit Sympathie und Empathie arbeiten.

Die Entdeckung der spirituellen Kreativität

Der von Goethe vorgeschlagene neue Weg der Selbsterkenntnis, so hatten wir gesagt, führe nicht über das Ich, sondern über das empathische Du. Ist *Selbst*erkenntnis dann noch eine zutreffende Formulierung seines Zieles? Sehen wir klar, wie Goethe es formuliert: Mit großer Aufmerksamkeit habe er in reiferen Jahren darauf geachtet, «in wiefern andere mich wohl erkennen möchten, damit ich an ihnen, wie an so viel Spiegeln, über mich selbst und über mein Inneres deutlicher werden könnte».

Es sind die Erkenntnisakte der anderen, auf die es ankommt. Interessanterweise gebraucht Goethe das in unseren Darstellungen weidlich betrachtete Bild des Spiegelns, um den Rückbezug der fremden Erkenntnisse auf sich selbst zu charakterisieren. Allerdings mit einem wesentlichen Unterschied: Wo «Spiegel»neurone ihre suggestive Wirkung aus dem Singular beziehen wollen (*ein* einziger, quasi magischer Spiegel!), sagt es Goethe ganz locker und nebensächlich-leicht mit dem Plural: «wie an so viel Spiegeln ...». Die allzu bekannte Alltagssituation, sich irgendwo von einem schwarz hinterlegten Glas in seiner aktuellen physischen Erscheinung, Aufmachung und Verfassung *abgespiegelt* zu sehen, soll verdeutlichen, wie andere beständig etwas von mir *wiedergeben*. Es liegt an meiner Aufmerksamkeit, ob ich es aufnehme und benutzen kann. Und zwar zu dem

Ziel, «über mich selbst und mein Inneres deutlicher» zu werden – so Goethe.

Eine eindeutig bescheidenere und *realistischere* Forderung als die «falsche Beschaulichkeit» der hehren Selbsterkenntnis alten, apollinischen Stils. Dennoch gibt es keinen Grund, Goethes Vorschlag den Rang der Selbsterkenntnis abzusprechen. Diese vollzieht sich auf seinem Weg allerdings in zwei Schritten: im Wahrnehmen der Erkenntnisse der anderen und in deren Rückbezug auf mich selbst. Und sie hat ein mehrfaches Ziel: «Über mich selbst und mein Inneres» will Goethe «deutlicher werden». Wer das sagt, weiß, dass er eine sozial sichtbare seelische Gestalt hat und eine intime. Und er gesteht, dass das, was andere von ihm wahrnehmen, ursächlich damit zusammenhängt, was er ihnen *zeigt*, was ihnen *verbirgt* und welche ihrer Spiegelangebote er *ablehnt*.

Die diesen dreifachen Weg durch das Du nehmende Selbsterkenntnis kann sich in folgender Weise selbst ins Bild setzen:

Sie ist die Quelle eines Stromes *und* das Meer, in das er mündet. Sie bildet den Anfang und das Ziel. Nicht aber den Weg: der geht durch das Du. Der Strom hat natürlich *zwei* Ufer: ein der Mitwelt zugewandtes und ein von dieser sich abwendendes. Ohne das Du aber trocknet der Strom zum toten Flussbett aus.

Indem wir nun sehen, inwiefern wir auf neuen Wegen der Selbsterkenntnis zum Schöpfer aus fremden Strömen werden können, sind wir gerüstet, den eigentlichen Gipfel der goetheschen Lebenskunst-Reflexion anzugehen.

Ich habe in meinem oben stehenden Zitat bewusst einen – den berühmtesten – Satz unterschlagen. Er schließt sich dem Satz an, von dessen genauer Betrachtung wir hier den Ausgangspunkt genommen haben:

«Der Mensch kennt nur sich selbst, insofern er die Welt kennt, die er nur in sich und sich nur in ihr gewahr wird. *Jeder neue Gegenstand, wohl beschaut, schließt ein neues Organ in uns auf.*»

Wir haben oben ausgeführt, wie Goethe mit der Formulierung, der Mensch könne der Welt «nur in sich» gewahr werden, die menschenförmige Wahrnehmungsfähigkeit auf ihre Bedingtheit durch die Sinnesorgane, die ihm überhaupt erst Wahrnehmungen vermitteln, hinweist. Hier verwandelt er diese Beschränkung in eine Offensive: Er stellt die Möglichkeit in Aussicht, durch eine gelungene Form des «Beschauens» auf der organischen Ebene selbst schöpferisch zu werden; also eigentlich einen Makel der Schöpfung zu revidieren.

Es lohnt sich, diesen Satz Wort für Wort ernst zu nehmen.

«Jeder neue Gegenstand, wohl beschaut, schließt ein neues Organ in uns auf.»

«Jeder»: Die revolutionäre Sprengkraft von Goethes Aussage steckt schon im ersten Wort. Nicht nur Besonderes, Exquisites und Würdiges vermag zu der gewünschten Erweiterung zu verhelfen. Nein: *jeder* «Gegenstand» kann dies tun. Eine bei Goethe enorm überraschende egalitäre Haltung. Auch wenn er von der Frage der Selbsterkenntnis ausging: die Gesamtheit der

Welt liegt nun offen. Mit einer Einschränkung allerdings:

«neue»: Der zu beschauende Gegenstand muss uns *neu* sein, also frisch und erstmalig in die Wahrnehmung eintreten. Das Gewohnte ist für revolutionäre Schöpfungsvorgänge untauglich durch seine in «falscher Beschaulichkeit» vernutzte und erblindete Bekanntheit. Da das Ich sich selbst kein neuer Gegenstand werden kann, führt die apollinische Forderung in die Irre und ist zur Ausbildung neuer Erkenntnisorgane untauglich.

«Gegenstand»: Gegenstand der Betrachtung war im Vorangegangenen der Autor – Goethe – selbst. Wir sehen: Keinesfalls nur sächliche Gegenstände kommen für die Ausbildung einer neuen Dimension der Wahrnehmung infrage. Man nehme, was man sich zutraut. Durch das einleitende «jeder» steht die Gegenstandsentscheidung hier revolutionär-umfassend für kreative Lösungen offen.

«wohl»: Dies ist das entscheidende, aber zugleich das schwächste und schwierigste Wort des Satzes. Was ist «wohl» in Bezug auf das «Beschauen»? Was wäre «unwohl»? «Gut» an seine Stelle zu setzen ist definitiv keine Lösung. Naheliegend erscheint, «wohl» im Kontext des ganzen goetheschen Gedankenganges in dieser Passage zu lesen.

Die entscheidende Qualität «wohl» des Beschauens hängt dann am Aufmerksamwerden auf den «Standpunkt» eines anderen und auf dessen Rückbezug auf sich selbst unter Beachtung der Eigengestalt des «sie nur in mir und mich nur in ihr» der Wahrnehmung.

Die Ausformulierung dieser spirituell-empathischen Technik der Wahrnehmungsrevolutionierung war noch nicht Goethes Bedürfnis; unseres könnte sie aber werden.

«beschaut»: Die «Betrachtung» von Gegenständen war Goethe nicht nur Augen-Forscher-Lust, sondern wurde ihm zum zentralen Arbeitsvorgang, den er an einer früheren Stelle in seinem Text *Bedeutende Fördernis durch ein einziges geistreiches Wort* folgendermaßen charakterisiert: Er habe immer die Absicht verfolgt, «auszusprechen, wie ich die Natur anschaue, zugleich gewissermaßen mich selbst, mein Inneres, meine Art zu sein, insofern es möglich wäre, zu offenbahren». Was ihm die Naturwissenschaft stets als Schwäche vorgeworfen hat, die Mit-Beschreibung seiner subjektiven und Subjektives immerhin «offenbahrenden» Herangehensweise – das könnte einmal die entscheidende Stärke von Goethes Forschungsansatz werden: Dass er betrachtend sich selbst als Betrachtenden mitreflektiert. In meinen Augen ergänzt er damit das wissenschaftliche Betrachten um eine Dimension, die ich die spirituelle nenne. Mit dem von uns untersuchten Satz macht er sich auf den Weg, seine Methode transparent werden zu lassen. Wir können ihm folgen und den Stab von ihm übernehmen.

Das Wort «beschaut» sagt die intentional-neugierige, dabei aber auch zugleich bewundernd-reflektiert in sich aufnehmende Qualität des «sehenden» Umganges mit einem «Gegenstand» auch in seinen Konnotationen aus.

«schließt auf»: Das Schlüssel-Bild ist der Archetyp des

Vordringens in eine neue Dimension. Hinter vormals verschlossenen Türen öffnen sich Räume im prekären «Inneren», die Eintritte in Anderswelten, in denen ich, ohne es zu wissen, schon immer gelebt habe, ebenso erlauben wie die Gründung konkreter neuer Kontinente.

«neues»: Die Wiederholung des Wortes «neu» fügt der revolutionären Aussage eine kreative Dimension hinzu: Was neu in die Betrachtung trat, kann nun auch im Betrachter Neues veranlagen. Und das nicht nur im Sinne der Bereicherung, sondern auf «organischer» Ebene:

«Organ»: Der Anspruch, den Goethes Satz erhebt, ist kein geringerer, als dass der «wohl beschauende» Mensch seine *biologische* Basis nach eigenem Willen verändern kann. Konkret: sich dort, wo die Natur ihm keine Wahrnehmungsmöglichkeiten gegeben hat, selbsttätig eigene zu erzeugen. Und zwar auf dem Wege, ein Organ für diese zu bilden. «Biologisch» scheinen wir sicher zu sein, dass dies unmöglich ist; aber so ist es auch kaum gemeint. Ich habe diese Verschärfung gebraucht, um den Tiefgang der Sache deutlich zu machen. Goethe denkt an ein Sinnesorgan; sein Vorschlag zielt in den spirituellen Bereich und bringt eine Idee in die Welt, die später zum Beispiel von Rudolf Steiner aufgegriffen und detailliert ausgearbeitet worden ist. Da sie dabei ihrer fundamentalen Dimension ein Stück weit entkleidet wurde, kann es Sinn machen, hier an diese zu erinnern.

«in sich»: Mit dem Ausgang des Satzes werden wir noch einmal an seinen Beginn erinnert, wo wir einem neuen Gegenstand gegenübertraten, menschlich vollständig anwesend, aber noch nicht fähig, von *seinem* Beitrag zu

unserem Wesen wirklich Gebrauch zu machen. Nicht dem Gegenstand, *uns* mangelte etwas, das Goethe ein Organ nennt. In ihm aber, im Gegenstand, liegt bereits der Weg, es zu bilden und «ihn in uns» wahrzunehmen, oder, wie der Dichter es sagt – und wir hören nun auch den Genuss heraus –, «wohl zu beschauen».

Durch die Entlastung des Ich von der Alleinaufgabe der Selbsterkenntnis ist Goethe den ersten Schritt auf dem Weg in die revolutionäre Dynamisierung der geistigen Arbeit des Menschen vorangegangen; die Entdeckung der spirituellen Kreativität macht ihn uns allen offen. Wir müssen dabei allerdings von einem Stück lange eingeübten Selbstbezuges Abschied nehmen und dem Ich nun erlauben, *vor* allem Selbstbezug dem Du zu lauschen.

Da auch unsere Betrachtung damit ihren Ausgang findet, wollen wir die *neue* seelische Grundkraft der Empathie und die *neugierig-neue* Offenheit für ein kommendes Du mit Worten des großen chilenischen Dichters Pablo Neruda feiern, die dem Abschied vom alten, übergroßen Ich gelten:

Man kehrt zurück zum Ich ...

Man kehrt zurück zum Ich wie zu einem alten,
notdürftig wieder zusammengenagelten Haus; so ist es:
müde seiner selbst, wie man genug hat
von einem total durchlöcherten Anzug,
will man nackt herumlaufen, weil es regnet;
in reinem Wasser möchte der Mensch sich nass werden
lassen,
in ursprünglichem Wind, und gelangt doch
wieder nur ins Brunnenloch seiner selbst,
in die eng beschränkte Besorgnis,
ob er gelebt hat, etwas ausdrücken konnte
oder bezahlen oder schulden oder entdecken,
als ob ich so wichtig wäre,
dass die Erde mich willkommen oder nicht willkommen
heißen müsste mit ihrem pflanzlichen Namen,
in ihrem Theater mit schwarzen Wänden.

Pablo Neruda[93]

Anmerkungen

1 Gebrüder Grimm: *Kinder und Hausmärchen*, Frankfurt am Main 1984, S. 35ff

2 Rudolf Geiger, *Märchenkunde. Neue Folge*, Stuttgart 1991, S. 19.

3 Johann Wolfgang Goethe: *Faust, Der Tragödie erster Teil*, Deutscher Klassiker Verlag, Frankfurt am Main 1994, S. 150f.

4 Rudolf Steiner, *Allgemeine Menschenkunde als Grundlage der Pädagogik*, GA 293, Dornach 1992, S. 36.

5 Rudolf Steiner: *Theosophie*, GA 9, Dornach 2003, S. 100ff.

6 Rudolf Steiner: *Allgemeine Menschenkunde*, S. 34f.

7 Ebenda, S. 33.

8 Ebenda, S. 42.

9 Ebenda, S. 35.

10 Ebenda, S. 36.

11 Zur vertieften Reflexion dieses dramatischen erzieherischen Problems siehe: Kilian Hattstein-Blumenthal: *Liebe, Krieg und Kommunikation*, Futurum Verlag, Basel 2012.

12 Siehe Christoph Lindenberg: *Waldorfschulen: Angstfrei lernen, selbstbewusst handeln*, Reinbek bei Hamburg 1975.

13 Henning Köhler: *Vom Rätsel der Angst. Wo die Angst begründet liegt und wie wir mit ihr umgehen können*, Stuttgart 2000, S. 38.

14 Ebenda, S. 32.

15 Ebenda, S. 36.

16 Ebenda, S. 32.

17 Ebenda, S. 26ff., S. 43.

18 Ebenda, S. 40f., 44.

19 Ebenda, S. 124.

20 Goethe: *Faust*, a.a.O., S. 64.

21 Wilfrid Jaensch: *Berliner Stadtansichten*. In: *Der schönste Beruf der Welt*, Dornach 2003, S. 85.

22 Giacomo Rizzolatti und Corrado Sinigaglia: *Empathie und Spiegelneurone. Die biologische Basis des Mitgefühls*, Frankfurt am Main 2008.

23 Zitiert nach: Gregory Hickok, *Warum wir verstehen, was andere fühlen – Der Mythos der Spiegelneuronen*, München 2015, S. 169.

24 Rizzolatti in: *Cognitive Brain Research 3*, zitiert nach: Joachim Bauer: *Warum ich fühle, was du fühlst, Intuitive Kommunikation und das Geheimnis der Spiegelneuronen*, Hamburg 2005, S. 22.

25 Bauer, S. 22.

26 Ebenda, S. 24.

27 Ebenda, S. 24.

28 Ebenda, S. 23.

29 Rizzolatti und Signigaglia, S. 14.

30 Ebenda, S. 15.

31 Zitiert nach: Christian Keysers, *Unser empathisches Gehirn*, München 2013, S. 24.

32 Bauer, S. 31.

33 Keysers, S. 152f.

34 Ebenda, S. 154.

35 Ebenda, S. 122f.

36 Ebenda, S. 154.

37 Ebenda, S. 156.

38 Wikipedia, Artikel «Einfühlungskonzepte», Stand 19.5.2015.

39 Siehe Kilian Hattstein-Blumenthal: *Liebe, Krieg und Kommunikation*, Futurum Verlag, Basel 2012.

40 Siehe die entsprechenden Stichwörter in Duden, Bd. 7: *Das Herkunftswörterbuch. Etymologie der deutschen Sprache*.

41 Titchener, *Lectures on the Experimental Psychology of the Thought Processes*, 1909, zitiert in: *online etymology dictionary*, Stichwort: empathy.

42 Andrea Plüss: *Empathie und moralische Erziehung*, LIT Verlag, Zürich und Berlin 2010, S. 23.

43 Plüss, S. 23.

44 Rudolf Steiner, *Allgemeine Menschenkunde als Grundlage der Pädagogik*, GA 293, Dornach [9]1992, S. 125 (Taschenbuchausgabe: Dornach 2005, S. 142f.).

45 Ebenda, S. 124f. (Taschenbuchausgabe: S. 142.)

46 Ebenda, S. 125 (Taschenbuchausgabe: S. 142f.)

47 Stefan Leber, *Die Menschenkunde der Waldorfpädagogik. Anthropologische Grundlagen der Erziehung des Kindes und Jugendlichen.* Stuttgart 1993, S. 130.

48 Rudolf Steiner, *Theosophie*, GA 9, Dornach [32]2003, S. 100ff.

49 Ebenda, S. 103f.

50 Ebenda, S. 103.

51 Ebenda, S. 103ff.

52 Heinrich von Kleist, *Prinz Friedrich von Homburg*, 4. Akt, 1. Szene.

53 Rudolf Steiner, *Die soziale Grundforderung unserer Zeit – In geänderter Zeitlage*, GA 186, Dornach [3]1990, S. 170f.

54 Goethe, *Bedeutende Fördernis durch ein einziges geistreiches Wort*, in: *Zur Morphologie II,1* Münchner Ausgabe, Bd. 12, S. 306ff.

55 Rudolf Steiner, *Die soziale Grundforderung unserer Zeit*, S. 170f.

56 Keysers, S. 152f.

57 Gregory Hickok, *Warum wir verstehen, was andere fühlen – Der Mythos der Spiegelneuronen*, München 2015.

58 Ebenda, S. 221.

59 Ebenda, S. 291.

60 Keysers, S. 36f.

61 Ebenda, S. 226f.

62 Peter Sloterdijk, *Sphären. Band I: Blasen*, Frankfurt am Main 1997, Kapitel 7: «Das Sirenen-Stadium. Von den ersten sonosphärischen Allianzen», S. 487f.

63 Ebenda, S. 488.

64 Ebenda, S. 83.

65 Rudolf Steiner, *Allgemeine Menschenkunde*, S. 42.

66 Martin Buber, *Ich und Du*, Stuttgart 1995, S. 15.

67 Sloterdijk, *Sphären 1*, S. 211f.

68 Ebenda, S. 226.

69 Buber, S. 12.

70 Ebenda, S. 9.

71 Jacob und Wilhelm Grimm, *Deutsches Wörterbuch*, Band 20, S. 1396f.

72 Zitiert nach Sloterdijk, *Sphären 1*, S. 246.

73 Henning Köhler, *Was haben wir nur falsch gemacht? Kindernöte, Elternsorgen und die verflixten Schuldgefühle*, Stuttgart 2000, S. 329f.

74 Rudolf Steiner, *Allgemeine Menschenkunde*, S. 41.

75 Ebenda, S. 34f.

76 Kilian Hattstein-Blumenthal, *Liebe, Krieg und Kommunikation*.

77 Jacob und Wilhelm Grimm, *Deutsches Wörterbuch*, Band 13, Spalte 667 bis 669.

78 Friedrich Hölderlin, *Der Mensch*, in: *Sämtliche Gedichte*, Deutscher Klassiker Verlag, Frankfurt am Main 2005, S. 204f.

79 Siehe Rudolf Steiner, *Allgemeine Menschenkunde*, 4. Vortrag.

80 Marshall B. Rosenberg, *Gewaltfreie Kommunikation*, Paderborn 2003, S. 18.

81 Ebenda, S. 18.

82 Ebenda, S. 103.

83 Ebenda, S. 105.

84 Ebenda, S. 115.

85 Ebenda, S. 123.

86 *Der Spiegel*, Jahrgang 2013, Heft 29, *Die Macht des Mitgefühls*, S. 118ff.

87 Andrea Plüss, *Empathie und moralische Erziehung. Das Einfühlungsvermögen aus philosophischer und pädagogischer Perspektive*, Zürich und Berlin 2010, S. 115.

88 Ebenda, S. 101ff.
89 Ebenda, S. 98f.
90 Ebenda, S. 100.
91 Goethe, *Bedeutende Fördernis durch ein einziges geistreiches Wort*, in: *Zur Morphologie II,1* Münchner Ausgabe, Bd. 12, S. 306ff.
92 Ebenda.
93 Pablo Neruda, *Letzte Gedichte*, Aus dem Spanischen von Fritz Vogelgsang, Darmstadt und Neuwied: Luchterhand 1975, S. 145.

Über den Autor

Kilian Hattstein-Blumenthal, 1968 in München geboren, studierte Regie an der Hochschule für Schauspielkunst «Ernst Busch» in Ostberlin. Seine ersten Inszenierungen entstanden am Niedersächsischen Staatsschauspiel in Hannover. Anschließend war er als freier Regisseur an verschiedenen Stadt- und Staatstheatern tätig. Ab 2004 studierte er am Seminar für Waldorfpädagogik in Berlin und am Institut für Waldorfpädagogik in Witten-Annen. Er ist seit 2006 Klassenlehrer und Regisseur an der Rudolf Steiner Schule Berlin-Dahlem.